FÉDÉRATION FRANÇAISE
DES
TRAVAILLEURS DU LIVRE
Rue de Savoie, 20 — Paris

Rapport au Comité central

SUR

L'Économie Sociale

à l'Exposition de 1900

(SECTION FRANÇAISE)

PAR GEORGES GUÉNARD, MEMBRE DU COMITÉ

Préface par AUGUSTE KEUFER

PARIS
IMPRIMERIE NOUVELLE
11, rue Cadet, 11
1901

Rapport au Comité central

SUR

L'Économie Sociale

A L'EXPOSITION DE 1900

(SECTION FRANÇAISE)

FÉDÉRATION FRANÇAISE DES TRAVAILLEURS DU LIVRE

Rue de Savoie, 20 — Paris

Rapport au Comité Central

SUR

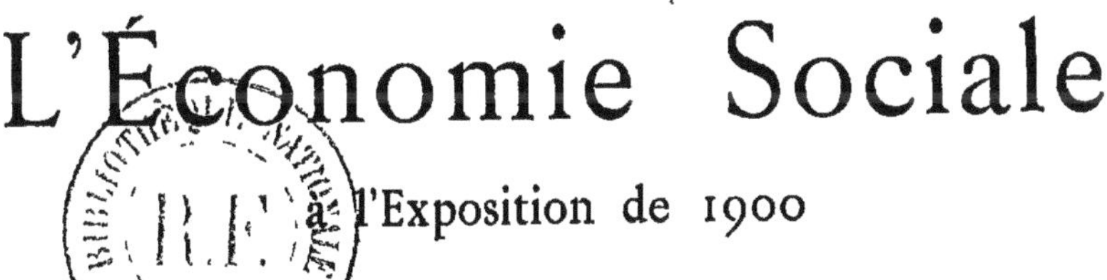

L'Économie Sociale

à l'Exposition de 1900

(SECTION FRANÇAISE)

PAR GEORGES GUÉNARD, MEMBRE DU COMITÉ

Préface par AUGUSTE KEUFER

PARIS

IMPRIMERIE NOUVELLE (ASSOCIATION OUVRIÈRE)

11, rue Cadet, 11

—

1901

PRÉFACE

Il serait bien téméraire de soulever ici cette grave question : les Expositions universelles ont-elles été une cause réelle de progrès, ont-elles marqué une étape nouvelle et certaine vers le mieux-être des nations qui les ont organisées ? Je me garderais bien de me prononcer affirmativement, et, si ce n'est le très réel profit moral que peut donner le contact passager des individus, des familles et des peuples, et ainsi apaiser bien des préventions, faire disparaître bien des préjugés, je crois que je me prononcerais très catégoriquement contre les Expositions. Outre qu'elles ne font qu'enregistrer les progrès accomplis au milieu du bruit de l'usine ou de l'atelier, par l'étude persévérante dans le laboratoire, elles sont une cause de perturbation industrielle et économique, une source de dépenses excessives dont le contrecoup se fait sentir au détriment des populations.

A chaque Exposition, il y a deux choses à étudier : 1° le nombre, l'importance des produits exposés et la part de collaboration qu'y ont apportée les producteurs; 2° la situation sociale faite à ces derniers. A ce double point de vue, l'Exposition de 1900 a été une des plus grandioses manifestations du génie de l'homme, de la puissance que met entre ses mains la science ; tous les visiteurs ont été émerveillés des progrès accomplis par toutes les nations et dans tous les domaines. Ce qui a moins attiré leur curiosité, c'est l'Exposition de l'Économie sociale. Et pourtant, n'est-il pas légitime, si l'on s'intéresse aux objets exposés, que l'on se préoccupe également des conditions d'existence imposées à ceux qui donnent toute leur force physique, leur intelligence, leur volonté pour aider l'entrepreneur, l'ingénieur, le savant, le commerçant

*

dans leurs opérations complexes, collaborant ainsi, et dans une large mesure, à la création de ces merveilleux produits, contemplés par tous ceux venus de tous les points du globe?

C'est précisément pour mettre en lumière les efforts considérables accomplis par l'initiative des travailleurs eux-mêmes, résolus à conquérir une meilleure place dans la société, que le Comité central prenait l'heureuse décision de faire procéder à une étude spéciale de tous les documents exposés à la section d'Économie sociale, documents qui permettaient d'apprécier non seulement les œuvres patronales déjà connues, mais plus particulièrement les œuvres ouvrières, jusqu'ici inaperçues ou ignorées.

En même temps, il décidait de faire procéder à un examen de tout ce qui concernait l'industrie du livre à l'Exposition, au point de vue purement technique et professionnel, montrant ainsi que, s'il désirait connaître tout ce qui a été fait jusqu'ici de progrès dans le domaine économique et social, il ne se désintéressait pas du perfectionnement apporté dans les moyens de production et aider, par cette étude, au développement des connaissances techniques des membres de la Fédération du livre.

Notre camarade Mazure avait été chargé du rapport technique, qui a aidé nombre de délégués à l'Exposition pour compléter leurs observations personnelles trop rapides en raison du peu de temps dont ils disposaient.

C'est le camarade Guénard que le Comité central avait désigné pour étudier l'Exposition d'Economie sociale. S'il m'est agréable de rendre hommage au Comité central d'avoir eu la pensée de faire préparer une étude consciencieuse sur l'Économie sociale, il me plaît également de le féliciter sur le choix qu'il a fait du confrère Guénard pour la préparation du rapport que je suis chargé de présenter aujourd'hui aux lecteurs.

Le rapporteur a conduit son travail avec méthode, il a groupé et désigné de nombreux documents, et partout où les visiteurs passaient indifférents, sans attrait, il a su recueillir de précieux renseignements, il a découvert, dans le fouillis des vitrines, trop souvent inaccessibles au public, les notices les plus instructives. C'est ainsi qu'il a groupé les éléments d'une étude complète sur tout ce qui a été fait en France et à l'étranger pour améliorer la situation de l'ouvrier, des pauvres, des victimes de notre organisation sociale.

Le travail si important qui est aujourd'hui soumis aux membres de la Fédération du livre et aux autres travailleurs devait être fait, car, une fois l'Exposition close, tous ces documents se dispersaient, malgré les efforts tentés pour les réunir dans un bâtiment de l'Etat ; ils seraient restés ignorés pour la masse du public.

C'est donc un réel service que le Comité central rend à tous ceux qu'intéressent ces travaux, toutes les tentatives d'amélioration sociale, d'où qu'elles viennent, et c'est lui qui aura eu l'honneur d'avoir comblé la lacune dont parle M. Léon Bourgeois dans sa belle préface du livre de M. Louis Skarzynski, le Progrès social à la fin du XIXe Siècle, *où il exprime les regrets qu'aucune personnalité du monde économique français n'ait eu la pensée de centraliser et d'analyser en un instructif ouvrage les documents exposés au pavillon de l'Économie sociale. C'est la Fédération du Livre, une organisation ouvrière, qui aura le mérite d'avoir pris cette heureuse initiative, de laquelle se dégageront de précieux enseignements pour tous les travailleurs.*

Le classement des œuvres exposées, les appréciations qu'il en a faites, les vues générales qu'il a formulées prouvent que Guénard a fait une étude sérieuse et approfondie de tous ces documents. Il a su faire ressortir les efforts tentés dans tous les sens pour soulager les infortunes, pour éteindre les misères sociales.

Comme nous le pensions nous-mêmes, avec de judicieuses réflexions sur les diverses manifestations de l'initiative patronale et ouvrière, il a franchement signalé l'inanité de certains remèdes, quelque sincérité qu'y apportent ceux qui les préconisent, pour affirmer la supériorité de la solution qui accorde à l'ouvrier une rétribution au moyen de laquelle il pourra vivre dignement avec sa famille en lui assurant l'indépendance.

Nous regrettons que le rapporteur n'ait pas eu le temps de réaliser tout son projet : car cette étude devait comprendre à la fois les sections françaises et étrangères. Le loisir seul a fait défaut à notre camarade. Il a dû borner son étude à la section française, déjà si intéressante, et ajourner l'étude des sections étrangères si riches en œuvres remarquables, ce qui lui aurait permis de faire un exposé synthétique. Ce sera pour plus tard.

Malgré cela, le rapport Guénard constitue une démonstration éducative dont tous les travailleurs devront tirer profit ; il sera intéressant à lire et à méditer, notamment dans la partie si émouvante qui traite des ravages produits par l'alcoolisme et où il indique quelle terrible déperdition de force ouvrière s'accomplit par cette plaie sociale.

Et enfin, ce qui est plus réconfortant, le rapporteur achève son travail si nourri par une noble invocation aux œuvres créées en faveur de la paix, venant mettre un terme au rude labeur, aux souffrances des générations passées. Une humanité plus heureuse et meilleure s'annonce par le triomphe de l'industrie sur la guerre, par la prééminence de la science et de la solidarité de tous les êtres humains sur les erreurs et le dur égoïsme qui ont inévitablement caractérisé les luttes du passé. La tâche essentielle assignée au présent et à l'avenir, la vraie destination de notre activité doit être la transformation nécessaire de l'état social par l'amélioration des conditions matérielles, intellectuelles et morales de l'homme.

A. KEUFER.

AVANT-PROPOS

Ce n'est pas sans embarras que, après avoir rassemblé les matériaux nécessaires à l'élaboration de ce rapport, nous nous sommes demandé sur quelles bases nous allions l'établir, quelles formes nous devions lui donner. Une esquisse rapide, à vol d'oiseau, de l'Economie sociale à l'Exposition de 1900, n'aurait certainement pas répondu aux désirs du Comité central. Une étude approfondie, fortement documentée, avait de quoi décourager le plus patient des bénédictins, tant par la masse colossale et la complexité des objets exposés que par le temps matériel nécessaire pour la mener à bonne fin. C'est dire que, aussi soutenus qu'aient été nos efforts, notre travail est forcément *très incomplet*. Nous avons tenu à le déclarer sans ambages au seuil de ce rapport, non pour désarmer les critiques, mais bien pour soulager notre conscience d'un poids qui n'a cessé de l'oppresser depuis la première jusqu'à la dernière ligne...

Si, d'une part, notre rôle a été rendu difficile par l'impossibilité dans laquelle nous nous sommes trouvé de consulter les nombreuses pièces renfermées dans les vitrines et que le public n'a pas à sa disposition — première source de lacunes ; d'autre part, notre ignorance des langues étrangères sera cause également de regrettables omissions auxquelles le temps lui-même n'aurait pu remédier.

Néanmoins, nous avons pensé que le meilleur moyen de rendre cette analyse utile, sinon intéressante, était encore d'accorder une large place aux documents eux-mêmes, de les présenter aussi nombreux que possible quand leur intérêt particulier les recommandait à l'attention, et de permettre ainsi, par des rapprochements, des comparaisons, à ceux qui prendront la peine de la lire, la possibilité de se faire un jugement personnel.

C'est, croyons-nous, la méthode la plus rationnelle. Elle ne nous dispensera point, cependant, de manifester notre opinion au cours de cet exposé.

Nous estimerions que notre but serait pleinement atteint si nous réussissions à éveiller la curiosité d'un certain nombre de nos camarades, ou mieux, à faire naître chez eux un vif désir d'en connaître un peu plus long, d'approfondir les questions à peine effleurées et d'étudier soigneusement les solutions qu'elles comportent. De cet examen, de ces recherches, ils prendraient encore une plus grande conscience d'eux-mêmes; la notion de leurs droits et de leurs devoirs s'en dégagerait moins vague, mieux définie, plus forte et peut-être plus agissante... Si ce rapport se transformait ainsi en un programme d'études et devenait le point de départ d'une série d'investigations nouvelles, notre tâche se trouverait utilement remplie: il ne lui resterait qu'à s'effacer pour faire place à la leur...

Les questions touchant l'amélioration des conditions sociales des individus ont pris une telle importance et aussi un tel caractère d'acuité au cours de ces dernières années, qu'il a fallu leur réserver un monument spécial à l'Exposition universelle de 1900; encore, malgré ses respectables dimensions, s'est-il trouvé trop petit pour contenir tout ce qui lui fut envoyé, puisque nombre d'exposants étrangers durent déborder dans leurs pavillons nationaux.

Ouvriers et patrons, financiers et paysans, philanthropes et savants s'y sont donné rendez-vous et ont répondu, des quatre coins du monde, à l'invitation du gouvernement français. Chacun y est venu dire le résultat des tentatives faites dans son propre pays en vue de modifier, en les rendant meilleures, les conditions d'existence du plus grand nombre et aussi les espérances qu'il fonde sur l'avenir. Ici, c'est la lutte à armes courtoises, ou plutôt l'émulation loyale et pacifique vers un mieux toujours plus grand. La rencontre de pareils concurrents, le choc d'adversaires semblables, ne sauraient d'ailleurs laisser des victimes, et le vainqueur y est trop souvent heureux d'emprunter quelque chose au vaincu...

Le Palais de l'Economie sociale et des Congrès, construit au bord de la Seine, près du pont de l'Alma, a été, sous la direction de M. Mewès, architecte, entièrement édifié par les soins d'associations ouvrières de production : maçons, charpentiers, serruriers, menuisiers, peintres, parqueteurs, couvreurs, électriciens, sculpteurs et tapissiers. Il renferme les expositions du Groupe XVI, composé par les classes suivantes :

CLASSE 101. — *Apprentissage. Protection de l'enfance ouvrière.*

CLASSE 102. — *Rémunération du Travail. Participation aux bénéfices*

CLASSE 103. — *Grande et petite Industrie. Association Coopérative de Production et de Crédit. Syndicats professionnels.*

CLASSE 104. — *Grande et petite Culture. Syndicats agricoles. Crédit agricole.*

CLASSE 105. — *Sécurité des Ateliers. Réglementation du Travail.*

CLASSE 106. — *Habitations ouvrières.*

CLASSE 107. — *Sociétés Coopératives de Consommation.*

CLASSE 108. — *Institutions pour le développement intellectuel et moral des Ouvriers.*

CLASSE 109. — *Institution de Prévoyance.*

CLASSE 110. — *Initiative publique ou privée en vue du bien-être des Citoyens.*

Le Groupe XVI comprend encore — outre les classes désignées ci-dessus et formant l'exposition d'Economie sociale proprement dite — les classes 111 et 112 réservées, la première à l'*Hygiène*, la seconde à l'*Assistance publique*.

La classe d'Hygiène n'est qu'incomplètement représentée au Palais des Congrès; toute la partie étrangère et une notable partie de l'exposition française se trouvent installées soit dans un pavillon spécial, soit au Champ-de-Mars. Il en est de même pour l'Assistance publique (hôpitaux, asiles de nuits, maisons d'aveugles et de sourds-muets, ouvroirs, crèches, etc.). Pour qui désirerait faire une étude particulière de ces questions, il n'y aurait qu'à aller puiser aux sources que nous indiquons.

Nous n'avons pas adopté, pour notre travail, le classement

choisi par ceux qui présidèrent à l'installation de l'exposition de l'Economie sociale. Nous avons préféré en étudier les différentes sections suivant l'intérêt qu'elles nous inspiraient. C'est dans cet ordre que nous les avons groupées et que nous les présentons ici.

Ce rapport peut se diviser en deux parties principales :

1° *La section française ;*

2° *Les sections étrangères.*

Cette méthode facilitera, croyons-nous, la besogne de ceux qui voudraient suppléer aux lacunes qui existent dans notre travail en enquêtant personnellement au Palais des Congrès. Elle aidera aussi dans leurs recherches ceux qu'une question spéciale solliciterait de préférence à tout autre (1).

G. G.

Octobre 1900.

(1) Ce rapport devait être publié pendant l'Exposition pour aider, autant que possible, aux recherches, à l'étude des délégués qui devaient visiter le pavillon de l'Economie sociale. — Les circonstances et le temps ne nous ont pas permis de le faire paraître au moment voulu. Nous voulons espérer qu'il n'en sera pas moins utile à consulter après l'Exposition.

L'ÉCONOMIE SOCIALE

à l'Exposition de 1900

LES GROUPEMENTS PROFESSIONNELS

Syndicats ouvriers

C'est en nombre très limité que les syndicats ouvriers sont venus au Palais des Congrès. Cette abstention est-elle systématique, ou le résultat d'une simple négligence? Ont-ils voulu réserver leurs efforts pour l'Exposition du Pavillon syndical et coopératif? (1) Nous ne saurions le dire. Toujours est-il que l'on risquerait fort de se tromper s'il fallait juger de l'organisation ouvrière française et de son degré de puissance par les quelques groupements qui ont répondu à l'appel des organisateurs de cette partie de l'Exposition. L'impression de force qui doit se dégager du nombre fait un peu défaut ici.

A côté de l'exposition patronale, si bien agencée, si pratique, à côté de l'exposition si riche des syndicats agricoles, nous aurions aimé voir les ouvriers indiquer les efforts qu'ils ont faits eux-mêmes pour leur émancipation, les sacrifices qu'ils se sont imposés, les luttes qu'ils ont soutenues et les satisfactions déjà obtenues à l'aide de « l'association professionnelle ». Cela n'a été qu'imparfaitement fait et sur une trop petite échelle.

Pourtant, de l'examen approfondi, de la comparaison des méthodes de tous et des résultats acquis par elles auraient pu sortir, pour quelques-uns, une modification sensible des moyens d'action jusqu'ici employés et une orientation nouvelle de la propagande syndicale. Ce n'était pas le but le moins important à atteindre.

(1) Le Pavillon Syndical et Coopératif de la place Dupleix devait organiser une exposition ouvrière spéciale et des appels avaient même été lancés dans ce but. Les travaux n'ayant pu être menés à bonne fin, ce projet ne fut malheureusement pas mis à exécution

Bien mieux, chez peu de syndicats, parmi ceux dont il nous a été donné d'étudier l'exposition, nous avons rencontré des dispositions préparatoires, des mesures préventives pour les conflits pouvant surgir entre les travailleurs et ceux qui les emploient. Seuls, ou à peu près, la Fédération du Livre et ses syndicats — que l'on taxe assez facilement de modérantisme — apparaissent armés pour la lutte et prêts à engager la bataille avec leurs propres ressources, lorsque les circonstances la rendent nécessaire.

Si l'Office du Travail, par sa statistique des grèves, ne venait effacer cette première impression, ceux qui ne connaissent pas nos syndicats ouvriers seraient tentés de n'y voir que des offices de placements gratuits ou des embryons de Sociétés de secours mutuels.

Les typographes ont peu ou pas exposé à l'Economie sociale. Sur 150 sections que compte la Fédération du Livre, 6 seulement ont cru devoir prendre part à ce tournoi pacifique ouvert entre toutes les organisations ouvrières. Encore l'ont-elles fait avec une modestie, une parcimonie peu en rapport avec leurs brillants états de services.

Alençon, qui donne les résultats de dix ans de fonctionnement, ses statuts et un exposé des travaux du syndicat, ainsi que *Bordeaux*, avec un tableau placé trop haut pour pouvoir être consulté avec fruit, sont seules à avoir une Exposition « extérieure ».

Pour les autres : *Rouen*, *Nancy*, *Valenciennes* et *Paris*, les objets exposés étant dans les vitrines, il faut être averti par avance de leur présence et recourir, pour en prendre connaissance, à l'obligeance du gardien. Comme c'est un fonctionnaire, nos camarades feront bien de ne pas trop compter sur sa complaisance.

Rouen, en un joli volume agréablement illustré à la main, nous montre une série de documents relatifs à son histoire et à son fonctionnement : statuts, commission mixte arbitrale, tarifs et renseignements divers. Nos camarades rouennais ont su présenter le tout avec un goût exquis. Nul doute que le jury ne récompense, comme ils le méritent, les efforts qu'ils ont faits.

De même pour *Nancy* qui joint, à son historique, des explications sur le fonctionnement de sa caisse de maladie et de chômage, ainsi que sur les grèves soutenues depuis la fondation du syndicat.

Valenciennes nous donne son histoire.

Paris en fait autant et y ajoute ses statuts.

Cela ne surprendra personne de ne pas nous entendre critiquer trop vivement les syndicats du Livre. Il n'en faudrait pas conclure, cependant, que nous n'y trouvons rien à reprendre et que nous soyons, personnellement, très satisfait de leur exposition. Il y avait mieux, beaucoup mieux à faire.

Paris, surtout, a perdu une superbe occasion de montrer, aux travailleurs des autres corporations, à l'aide de tableaux synoptiques ou de graphiques, la somme colossale d'efforts dépensés dans la capitale, pendant le siècle qui vient de s'écouler, dans le but de sauvegarder les intérêts moraux et matériels des typographes parisiens ; d'indiquer avec quelle persistance, quelle ténacité nos aînés ont su marcher droit devant eux, guidés par un admirable esprit de solidarité, avec quelle opiniâtreté ils n'ont cessé de combattre pour améliorer un peu leur situation et s'opposer à tout mouvement de recul, et aussi quel solide instrument d'émancipation et de défense ils ont légué à leurs successeurs !

La 21e section avait, en outre, à placer sous les yeux des visiteurs le fonctionnement de sa *Caisse des passagers* qui pourvoit à la nouriture et au logement des confrères voyageurs traversant Paris, et, surtout, le mode d'organisation du travail qu'elle préconise par dessus tout : la *commandite*. Depuis plus de quarante ans, ce système de travail est appliqué à Paris, et ce sera l'éternel honneur des typographes parisiens de l'avoir imaginé et mis en pratique avant que le législateur lui-même commençât à examiner la question de savoir s'il n'y avait pas lieu de substituer le contrat collectif de travail aux engagements individuels de chacun des ouvriers.

Certes, une Exposition et ses récompenses ne peuvent rien ajouter à la valeur d'un syndicat ou de tout autre exposant, et les nôtres sont connus comme ayant reçu, depuis longtemps, le baptême du feu et donné des preuves de leur vitalité. Mais, au point de vue éducatif, il y avait quelque chose à tenter : il n'aurait certainement pas été superflu de montrer ce que nous avons fait et, partant, ce que d'autres peuvent faire également.

L'exposition de la Fédération du Livre obvie un peu à cette abstention quasi-unanime. Mais combien la manifestation aurait été plus imposante, plus digne de nous, si, autour d'elle, chacune de ses sections était venue dire aux visiteurs comment elle évolue dans sa propre sphère, les améliorations qu'elle a obtenues, ses victoires et ses échecs, les hauts et les bas de son histoire, ainsi que les enseignements qu'on en peut tirer.

Les syndicats de Lille, Lyon, Marseille, Toulouse, Nantes, etc., tous vieux routiers de l'action corporative, n'avaient donc rien à dire aux nouveaux qui entrent en lice, aux jeunes qui risquent leurs premiers pas ?

Ce n'est pas précisément notre avis, et c'est aussi un de nos plus vifs regrets.

Ces réserves faites — et qui peuvent s'appliquer, en général, à toutes les organisations ouvrières — nous allons passer en revue les principaux syndicats qui ont exposé et consigner les quelques remarques dignes de fixer l'attention.

La Chambre syndicale des *Ouvriers Coiffeurs de Paris* est une de celles qui a su le mieux faire toucher du doigt les heureux effets de l'organisation ouvrière. Dans un tableau très bien compris, elle initie le visiteur à son mode de fonctionnement et lui démontre que, en dehors de la question des salaires et de la dignité des camarades, les résultats matériels à obtenir par le groupement sont encore nombreux et point à dédaigner.

La coiffure est une des corporations qui a eu le plus à souffrir et qui souffre encore de cette plaie odieuse connue sous le nom de « bureaux de placement », dont le principal effet réside dans le prélèvement, sur le travailleur en chômage et souvent à bout de ressources, d'un impôt inique — sans le paiement duquel il lui est impossible de s'embaucher.

Les ouvriers coiffeurs, pour enrayer l'action néfaste des « marchands de places » et se débarrasser de cette redevance vexatoire, ont créé un bureau de placement gratuit, qui distribue les emplois vacants aux syndiqués, d'abord, et aux non-syndiqués, ensuite.

Depuis la fondation de ce service, le syndicat a distribué, gratuitement, **8,336 places**, ce qui, en se basant sur les prix fixés par la Préfecture de police, pour les placements, a procuré aux ouvriers une économie de **33,344 francs**, et **68,337 extras** répondant à une économie de **34,168 fr, 50.**

De plus, le syndicat asssure, à ses membres en chômage, la *nourriture gratuite*, au moyen d'une caisse spéciale alimentée par des fêtes, dons, tombolas, etc. Pour ménager l'amour-propre des camarades, les repas sont pris au restaurant. Ce système est également mis en pratique par la Caisse des passagers de la 21e section des Travailleurs du Livre.

Les *Ouvriers Coiffeurs de Paris* possèdent un journal mensuel.

Mouvement syndical	1887	74	membres
	1899	3.925	—

Les *Ouvriers Coiffeurs de Bordeaux* ont, eux aussi, un bureau de placement gratuit pour les sociétaires; mais, en raison des frais occasionnés par ce service, les patrons et ouvriers non syndiqués paient un droit minime de o fr. 25. Une caisse facultative de chômage a été instituée. Elle donne 1 fr. 50 par jour pendant toute la durée du chômage. Malgré cette institution, l'effectif de cette organisation n'a pas augmenté.

Ce syndicat reçoit une subvention de 300 francs de l'Etat et une autre de 350 francs de la ville de Bordeaux. Les recettes et les dépenses s'équilibrent.

Une Commission d'arbitrage, composée de patrons et d'ouvriers, se tient en permanence une fois par semaine. Les intéressés signent un compromis sur papier timbré et s'engagent à respecter le jugement des arbitres qui se prononcent selon les usages de la corporation sans appel ni recours d'aucune sorte. Les patrons, presque toujours, reprennent les ouvriers pour lesquels s'est élevée la contestation. La corporation n'est pas comprise dans la juridiction des prud'hommes. Une école professionnelle fonctionne deux fois par semaine et des concours y sont organisés.

Un syndicat dont le nom nous échappe — voyageurs de commerce, peut-être — n'admet, dans son sein, que des membres de nationalité française. Il est fait dérogation à cette règle, cependant, pour les *camarades russes...*

Pour la Chambre syndicale des *Employés de commerce de Bordeaux*, les membres de la Société peuvent appartenir à toute nationalité... l'*empire d'Allemagne excepté.* Cela a, au moins, le mérite de l'originalité, et on ne sait laquelle admirer le plus : de l'organisation citée plus haut ou de la Société bordelaise!... Pour nous, convaincus que nous sommes de l'absolue nécessité pour les travailleurs de s'unir internationalement, notre réponse ne peut être douteuse.

Mais voyez comme les idées marchent et combien l'esprit d'association mène les hommes plus qu'ils ne le dirigent eux-mêmes. Ce qui était vérité quand nous commencions à écrire ce rapport est déjà devenu erreur avant que les derniers feuillets en soient noircis... Des rectifications s'imposent. Le Congrès des voyageurs de commerce a, dans sa séance du 2 juillet 1900, décidé la création d'une fédération nationale et d'une *fédération internationale!...*

Fondée en 1869, la Chambre syndicale des Employés de commerce de Bordeaux a déjà payé, en secours, une somme de 205,072 fr. 30. Propriétaire de l'immeuble qu'elle occupe, son capital social s'élevait, au 31 décembre 1897, à 295,459 fr. 25, dont 177,285 fr. 85 au compte de « Caisse des Retraites ». A la même date, l'effectif était de 2,932 sociétaires. De nombreux patrons y sont inscrits comme membres honoraires.

Une *Caisse de décès* (facultative) fonctionne et verse, aux ayants droit du décédé, une somme minimum de 200 francs (indépendante des 100 fr. statutaires alloués à tous les membres du syndicat), moyennant une cotisation individuelle de 0 fr. 50 par décès. Elle comptait au 31 décembre 1897, 678 membres. Il faut voir là un embryon d'organisation d'assurances sur la vie par les Chambres syndicales ouvrières. Ce système, qui gagnerait à être développé, a reçu de très heureuses et nombreuses applications dans les Unions américaines où il rend les plus grands services. Nous aurons à signaler la même tentative chez les Egoutiers de la ville de Paris.

L'Union fraternelle des Employés de commerce de Grenoble, fondée en 1896, possède une caisse de retraites, s'occupe de placements et de secours à ses membres. Comme particularité, nous y relevons (art. 7) que les membres actifs se composent de personnes *françaises* ou *naturalisées*. La même disposition s'applique aux membres honoraires.

Mouvement syndical	1896	79 membres.
	1899	181 —

Comme les organisations précédentes, l'*Association des Employés de la Bourse de Commerce de Paris* exige de ses adhérents la justification de la qualité de Français. Fondée en 1892 avec 182 membres, elle en compte aujourd'hui 383. Elle a créé dans son sein une caisse d'assistance pécuniaire, une caisse de prêts gratuits, un service d'aide immédiate en cas de décès, des groupes d'épargne collective, etc.

... Il est au moins piquant de constater que les travailleurs qui vivent du commerce — branche de l'activité humaine qui exige le plus de rapports internationaux — repoussent de leurs associations tous ceux qui sont nés au delà de la frontière.

A ses débuts, la Chambre syndicale des *Egoutiers de la Ville de Paris* exigeait, elle aussi, des candidats, la preuve de leur qualité de Français. Plusieurs revisions de statuts ont été faites, sans rien changer à cette disposition. Ce n'est qu'à l'assemblée du 18 décembre 1892 qu'elle disparaît définitivement. En septembre 1895, les égoutiers fondèrent une *Caisse des veuves*. Les ayants-droit de tout ouvrier qui meurt — à jour de ses cotisations et ayant versé, pendant un an, un supplément de cotisation de 0 fr. 25 par mois — reçoivent une somme qui peut s'élever à 150 francs. Le règlement reconnaît comme ayants droit : femme, enfants ou ascendants et, à leur défaut, la *personne qui aura pris soin de l'ouvrier* durant ses maladies. Un graphique relate la marche du syndicat, les recettes et les dépenses, les frais occasionnés par la Caisse des veuves, les indemnités payées aux malades, etc.

Le Syndicat des *Travailleurs de l'industrie cotonnière de Condé-sur-Noireau* n'admet aucune distinction de nationalité et en fait la remarque; mais il exclut les contremaîtres de son sein. Son but est « d'établir des relations régulières avec les syndicats de patrons, afin d'arriver, par une sage discussion et une entente commune, à la détermination exacte des droits et devoirs de chacun et de former, en cas de désaccord, une Commission mixte d'arbitrage pour résoudre à l'amiable les conflits »; elle se propose également de « faciliter la substitution du travail coopératif au travail salarié... »

Bien que déclarant vouloir éviter, autant que possible, les conflits, ce syndicat est un des rares, parmi ceux exposant à l'Economie sociale, qui prévoient le cas de grève. L'article 13 des statuts dit en effet :

Tout sociétaire quittant le travail à la suite d'un différend se rattachant au *maintien du salaire* et après tentative de conciliation restée infructueuse par la faute des patrons, *pourra* recevoir, par décision de la Chambre, une indemnité de chômage.

Le cas s'est produit en 1897. Bien que cette indemnité de grève n'apparaisse pas encore comme un droit strict, elle est déjà un progrès sur l'organisation des nombreux syndicats qui ne prennent aucune disposition à cet égard.

De plus, cette association n'arrête pas la solidarité aux limites étroites de son cercle particulier. A différentes reprises, elle a soutenu pécuniairement les grèves des autres corporations. C'est avec plaisir que, dans l'historique exposé, nous avons relevé, en tête des sommes envoyées : 50 francs pour les typographes parisiens (grève de 1886). Bien que n'existant que depuis un an, le syndicat de Condé-sur-Noireau a généreusement répondu à notre appel. Nous lui devions ici l'hommage de cette constatation.

Comme l'organisation précédente, les *Ouvriers et Aides-Forgerons de Marseille* se refusent à admettre les contre-maîtres parmi eux, mais ne prennent aucune disposition en vue de la grève. Pourtant, leurs statuts disent bien que le but du syndicat est de représenter et de *défendre* les intérêts de la corporation, que l'association seule peut donner à ses adhérents la possibilité d'arriver à leur émancipation économique et sociale... Les forgerons de Marseille devraient bien se pénétrer que, pour rendre une *défense* efficace, il est au moins indispensable de prendre, *par avance*, des dispositions propres à en assurer le succès.

Dans un tableau-affiche, les *Ouvriers de la Boucherie de Paris* énumèrent leurs principales revendications : 1° Suppression des bureaux de placements; 2° Réduction de la journée de travail; 3° Fermeture à quatre heures, les dimanches et fêtes: 4° Une demi-journée de repos par semaine; 5° Extension de la prud'homie à la corporation.

L'*Union syndicale des Gens de Maison*, que préside le comte d'Haussonville, a été fondée en 1890 avec 323 adhérents. En dix ans, elle a reçu 11,048 offres et 13,900 demandes d'emplois, et placé 6,495 sociétaires. Pour aider à la propagande, elle stimule le zèle de chacun à l'aide de récompenses qui sont décernées annuellement. C'est ainsi qu'une médaille d'argent est donnée à tout membre qui, en une année, a fait placer dix sociétaires; la médaille est de vermeil si le nombre des sociétaires pourvus d'un emploi s'élève à quinze.

Les *Métallurgistes réunis du Havre* exposent un historique de leur association, un état des recettes et des dépenses de toute nature, dans lesquelles on peut relever des allocations votées pour soutenir des grèves étrangères à la corporation. Ils se déclarent partisans de la coopération. Un beau diagramme est joint à ces documents.

Le *Cercle d'Etudes des Employés havrais*, fondé en 1892, a pour but la défense des intérêts corporatifs, d'organiser le placement de ses membres, des conférences et des cours gratuits. Il possède un bulletin mensuel. En une ligne bien apparente, il déclare *fonctionner sans le concours d'aucune subvention*... Etant donné la tendance qu'ont aujourd'hui les syndicats à s'appuyer sur les municipalités, la remarque valait la peine d'être faite et l'exemple digne d'être imité.

Une association que nous n'aurions garde d'omettre, c'est celle des *Piqueurs de grès de Paris et du département de la Seine*. Le projet de loi Waldeck-Rousseau, sur les syndicats professionnels, lui donne, d'ailleurs un véritable caractère d'actualité. En effet, ce groupe, qui tient du syndicat et de la coopérative, paraît répondre assez bien aux conceptions personnelles du président du Conseil sur le fonctionnement des organisations ouvrières.

Les ouvriers piqueurs de grès entreprennent directement la retaille des vieux pavés de la Ville de Paris. Ce travail, soumis à l'adjudication, comme la plupart des travaux de la Ville, était, autrefois, la source d'une exploitation éhontée de la part de tâcherons sans scrupules, tenanciers, pour la plupart, de débits de boissons où se faisait l'embauche, et prélevant ainsi une double dîme sur le salaire des travailleurs. Pour réagir contre cette situation, les ouvriers piqueurs résolurent de fonder un syndicat, et, en 1880, ils se réunissaient au nombre de 77, sur une centaine d'ouvriers que comptait la corporation. Le but qu'ils se proposèrent était, aussitôt que les ressources le permettraient, de prendre du travail à la tâche ou d'entreprendre pour leur propre compte. Constitué sur ces bases, le syndicat marcha cahin-caha jusqu'en 1886, époque à laquelle les adjudications furent faites avec un rabais de 33 o/o, rabais que les entrepreneurs voulurent naturellement faire subir aux ouvriers, plus une retenue pour les frais généraux, ce qui diminuait les salaires de 36 o/o. Dans l'impossibilité d'accepter de pareilles conditions, les ouvriers allèrent porter leurs doléances à M. Alphand, qui leur promit que, dès que la corporation serait constituée en Société, conformément à la loi, les travaux de retaille lui seraient donnés en régie. Le 19 juillet 1886, le nécessaire était fait, avec un capital de 2,000 francs souscrit par 33 sociétaires. L'administration décida alors de leur appliquer le rabais moyen, soit 31 fr. 60 o/o au lieu de 36. Cela n'avait rien de brillant, mais ce n'était qu'un début. La Société donna à ses membres le salaire payé par la Ville, moins une retenue de 1 fr. 50 o/o pour les frais généraux. Depuis, les prix de retaille ont été successive ment augmentés et la retenue sur les salaires a été portée à 10 o/o afin de constituer une caisse de secours. La Société est prospère et les ouvriers piqueurs se déclarent contents de leur sort. « Quelques essais tentés en Seine-et-Oise ayant réussi, disent-ils, tout nous fait espérer que, dans un avenir très prochain, notre corporation aura conquis son indépendance. »

Citons encore :

L'*Union des Comptables :* placements, renseignements professionnels, secours, prêts mutuels sans intérêts, bibliothèque, arbitrages. Elle se déclare partisan de la coopération.

L'*Union fraternelle des Employés de commerce de la ville de Lyon :*

1894	70 membres.
1899	1.223 —

En caisse, au 31 décembre 1899, 2,138 fr. 55.

L'*Union syndicale des Peintres du département de la Seine ;*

L'*Association mutuelle et syndicale des ouvriers Boulangers de la Seine :* petit graphique donnant la statistique du placement, mais placé trop haut pour pouvoir être lu ;

Un beau tableau de la Chambre syndicale des *Cuisiniers de Paris ;*

Les *Chauffeurs, Conducteurs et Mécaniciens du département de la Seine* exposent un graphique, une petite machine à vapeur, une dynamo minuscule et divers appareils faits par les élèves des cours et les membres du Syndicat :

Un graphique de l'*Association amicale des Employés de chemins de fer et industries similaires ;*

L'Association syndicale des Professeurs de l'Enseignement libre, etc.

Parmi les syndicats ouvriers catholiques, nous relevons :

Le *Syndicat libre des menuisiers;*

Le *Syndicat ouvrier des industries du Livre ;*

Et, enfin, le *Syndicat libre des Employés de Commerce*, fondé en 1887 par d'anciens élèves de l'École des Frères, dont le mouvement syndical se traduit ainsi de la façon suivante :

	En 1891	En 1899
	—	—
Nombre de Membres.............	320	1.966
Nombre d'admissions............	353	3.099

Nous ne saisissons pas, au premier abord, les raisons qui motivent l'écart considérable existant entre le nombre réel des membres du syndicat et celui des admissions, notamment pour l'année 1899. La fidélité serait-elle le moindre des soucis des syndiqués exclusivement catholiques ?

Compagnonnage

Le compagnonnage, cette forme archaïque et démodée des groupements ouvriers, dernier vestige d'un passé déjà loin de nous, est représenté, au Palais des Congrès, par plusieurs Sociétés.

Organisation secrète et dont les portes ne s'ouvrent qu'avec la plus grande difficulté, le compagnonnage est entré en décadence vers 1830, époque à laquelle fut fondée l'*Union des Travailleurs du Tour de France*, accessible aux ouvriers de tous les métiers et qui compte encore aujourd'hui, 4,000 membres environ, reliés entre eux par 49 bureaux siégeant dans 25 villes.

Les compagnons se répartissent entre 31 professions dont nous négligeons l'énumération.

Quelles que soient les critiques adressées, de nos jours, à cette forme de l'association ouvrière, il serait injuste de ne pas signaler, en passant, les importants services qu'elle a rendus à l'enseignement professionnel. Ce fut aussi, il faut le dire, la première école de solidarité corporative...

La Société des *Compagnons et Aspirants cordonniers-bottiers du Devoir*, fondée en 1808, laisse facultatives, pour ses membres, les pratiques du compagnonnage. Dans les statuts nous relevons que, « dans toutes les villes, un service de *rouleur* sera établi. Ce rouleur devra toujours être à la disposition du bureau et se rendre tous les soirs chez la *mère* et faire tout le nécessaire pour trouver du travail aux arrivants. Ce service sera fait par les compagnons et aspirants non mariés. Toute infraction à ce service sera punie d'une amende de *un franc*. »

Puis, les *Compagnons maréchaux-ferrants du Devoir du Tour de France*, œuvre de mutualité avant tout, mais qui ne néglige pas les intérêts corporatifs. On en a eu la preuve, il n'y a pas bien longtemps, lors de la grève qu'ils eurent à soutenir à Paris. Ils joignent, à leurs statuts, un historique du compagnonnage, d'après les compagnons, et que nous résumons ci-dessous :

Le compagnonnage fut institué, au dire de certains écrivains, avant notre ère, suivant les uns; vers le xe ou xie siècle, suivant les autres, dans un but de mutualité. Malgré les dénégations de ces savants, les compagnons possèdent encore des documents du plus haut intérêt, écrits en hébreu sur parchemin et relatifs à leur organisation. Ces documents n'ont pu être traduits complètement jusqu'ici; mais tout porte à croire que leurs auteurs existaient bien avant notre ère. Depuis sa fondation, cette institution fut en butte aux tracasseries de ses ennemis. Les princes et les nobles étaient du nombre. Les compagnons n'en restèrent pas moins fidèles à leurs principes de fraternité dans leurs corporations respectives. La discorde, pourtant, se mit un jour dans leurs rangs; les compagnons de Salomon se séparèrent des compagnons de maitre Jacques et du père Soubise et reformèrent leurs rangs sous le nom de : « Compagnons étrangers du Devoir. » (Tailleurs de pierre, plâtriers, etc.) Les enfants de maître Jacques et du père Soubise continuèrent l'application de leurs principes et créèrent, vers le milieu du xiiie siècle, la première Société de secours mutuels (connue sous le nom de Sainte-Anne) composée exclusivement de menuisiers compagnons du Devoir. Depuis longtemps, les compagnons des divers rites avaient coutume de se livrer à des scènes de pugilat, sanglantes parfois, lorsqu'ils n'appartenaient pas à la même fraction du Compagnonnage. Ces luttes cessèrent vers la moitié de ce siècle, et tous, aujourd'hui, marchent, d'un commun accord, à la « conquête du progrès de la France ».

En deux tableaux, dédiés aux compagnons maréchaux du Devoir, sont exposés les *vrais* souvenirs du Tour de France.

Viennent ensuite : les *Compagnons Passants Charpentiers du Devoir*, avec un tableau indiquant la statistique des grèves et le rôle de la Société, le but poursuivi et les avantages fournis à ses membres.

L'*Union des Travailleurs du Tour de France*, créée en 1830, n'a exposé qu'à la classe 109. (Institutions de prévoyance.) Ouverte aux ouvriers de tous les métiers, elle compte aujourd'hui environ 4,000 membres, possédant 49 bureaux installés dans 25 villes. Consacrant tous ses efforts à faire de la mutualité, elle n'intervient pas dans les conflits entre patrons et ouvriers.

L'*Union compagnonnique des Compagnons du Tour de France et des Devoirs unis*, qui fonctionne à côté de l'Union de Travailleurs du Tour de France, fut fondée en 1889, dans le but de réunir en un seul faisceau tous les groupes existant en France et de donner un nouvel essor au compagnonnage par l'unification des rites. Elle compte, actuellement

2,500 membres répartis entre 75 *mères*, dans 41 villes. Les Sociétés compagnonniques, qui ont voulu demeurer fidèles à leurs anciennes coutumes, sont restées en dehors des deux grands groupements cités ci-dessus ; elles comptent environ 3,000 membres, répartis entre 99 mères, dans 38 villes.

L'Union compagnonnique a, dans ses attributions, la défense des intérêts de ses membres, l'organisation du placement des chômeurs et des secours de maladie; elle a créé aussi un service de pension pour les vieillards. Aux divers documents exposés, a été joint le compte rendu du Congrès compagnonnique, tenu à Toulouse du 4 au 10 septembre 1899.

Les Sociétés compagnonniques ont exposé quelques-uns de leurs chefs-d'œuvre aux Invalides (Palais de l'Ameublement), et au Champ-de-Mars (Enseignement professionnel). Véritables tours de force, ils excitent, auprès du public, une vive curiosité, de l'admiration même, pour la hardiesse de la conception et le fini de leur exécution.

Puisque nous parlons incidemment de l'Enseignement professionnel (classe 6), profitons-en pour citer, parmi les exposants, le *Syndicat de l'Ameublement de Bourges*, avec des dessins et travaux de sculpture sur bois exécutés par des apprentis; le *Syndicat de l'Ameublement de Bordeaux*, qui donne une série de photographies, et les *Ouvriers colleurs de papiers peints de Bordeaux*, qui présentent un album-méthode pour les apprentis.

L'*Union des Chambres syndicales du Var* et la *Bourse de Marseille* exposent aussi dans cette section.

Fédérations

Parmi les fédérations, nous citerons, en première ligne, la *Fédération française des Travailleurs du Livre.* Il ne nous appartient pas de juger son exposition. Contentons-nous simplement de dire que le Comité central s'est efforcé de la rendre aussi complète que possible et de mettre à même, ceux qui s'intéressent aux questions ouvrières, de suivre toutes les phases du développement de notre organisation depuis sa fondation jusqu'à nos jours. Son fonctionnement y est expliqué jusque dans les plus petits détails. Nous devons ajouter cependant que, mise hors concours par suite de la présence d'Hamelin dans le jury, la Fédération ne s'en présente pas moins au classement avec la plus haute cote. C'est une satisfaction morale qui réjouira tous nos camarades (1).

La *Fédération Culinaire de France et des Colonies*, fondée en 1887, indique, dans un tableau très complet, le but qu'elle se propose d'at-

(1) Le Jury a, néanmoins, tenu à décerner à notre camarade Keufer un des rares grands-prix réservés aux collaborateurs.

teindre, les résultats qu'elle cherche à obtenir. Elle tient surtout à donner *également* à tous ses membres les moyens de travailler dans tous les pays, sans que l'esprit de secte ou de coterie vienne entraver le libre exercice de leur profession. Un cours d'apprentissage a été créé en 1898. De plus, elle possède un organe fédératif : le *Progrès des Cuisiniers*, qui tire à 5,000 exemplaires. Voici, maintenant, quelques chiffres concernant le fonctionnement de cette Fédération :

De 1888 à 1899 :

Recettes	49.750 90
Dépenses	49.585 10
En caisse	165 80

Caisse de propagande (année 1899) :

Recettes	1.769 45
Dépenses	1.419 60
Reste	349 85

Dans ses statuts, la Fédération Culinaire ne prévoit aucune mesure en vue de grèves éventuelles. Outre la collection de son journal, elle expose divers rapports très bien présentés.

La *Fédération Centrale des Chauffeurs-Conducteurs-Mécaniciens-Automobilistes de France* compte 1,208 adhérents au 1er avril 1900. Elle s'occupe du rapatriement de ses membres, de l'organisation des secours, des placements et des arbitrages. Elle expose différentes cartes, ainsi que des plans pour les cours professionnels et la collection du *Denis-Papin*, son organe officiel, créé en 1884.

La *Fédération des Mécaniciens et Chauffeurs des Chemins de fer et de l'Industrie* nous montre un exposé graphique.

La *Fédération des Employés de France*, dont le siège est à Rouen, fut fondée au Congrès de Beauvais, en 1894. Elle s'occupe surtout de placements et aide moralement et pécuniairement ses membres dans les cas de détresse.

La *Fédération nationale des Coupeurs-Tailleurs* donne un historique avec divers documents.

Et, pour finir, la *Fédération des Voyageurs de Commerce*.

Bourses du Travail

Sans conteste, c'est celle de *Toulouse* qui a la meilleure exposition. Dans un vaste cadre, drapé en rouge et contenant une vue et le plan de la Bourse, des graphiques indiquent le mouvement syndical à Toulouse depuis la fondation de cette institution. Une échelle proportionnelle du placement gratuit et deux tableaux montrant les résultats du placement *par profession*, en 1898 et en 1899, y sont joints. Des photographies initient les visiteurs au fonctionnement de la Bourse et présentent à leurs yeux les camarades qui président à son administration.

Les cours de la Bourse exposent, en des cartons, les dessins des marbriers, des études de menuiserie, d'ébénisterie, de mécanique, de serrurerie; les élèves des cours de menuiserie en bâtiment, de ferblanterie et de charronnage y apportent leur quote-part. A signaler aussi les dessins du cours de stéréotomie.

La *Bourse de Besançon*, par un tableau très bien compris et pouvant aisément se lire, relate les résultats obtenus jusqu'à ce jour. En dehors du placement, citons, parmi les œuvres créées par elle : Caisse de grève, avec une cotisation de 0 fr. 10 par mois; caisse de secours pour les ouvriers de passage et les chômeurs adhérents, gagée par le produit des fêtes; coopérative de consommation; caisse d'assurances en cas de décès, avec une allocation de 100 francs à la veuve ou ayants droit; université populaire, etc.

Les Bourses de *Lyon*, *Marseille*, *Nevers*, *Limoges*, *Versailles*, *Nîmes* ont exposé des tableaux et documents sur leur organisation, des monographies historiques, etc.

Marseille, à l'Enseignement professionnel, classe 6, a exposé, en outre de ses cours, un tableau synoptique des placements gratuits, trop haut pour être consulté, et dont la place serait mieux à l'Economie sociale, classe 110. Au même endroit, la *Bourse de Toulon* nous montre des épures de charpentes, des dessins d'après modèles et deux beaux lavis : une machine à mortaise et une machine à percer. Egalement à l'Enseignement professionnel, la *Bourse de Limoges* présente les travaux de ses cours professionnels : bureau magnifique, gracieuses porcelaines, travaux de maçonnerie, épure de charpente et dessins de menuiserie. La *Bourse de Dijon* met sous les yeux du visiteur un ravissant petit mobilier, et celle de *Nevers* des réductions de travaux de maçonnerie et de charpente.

L'*Union des Chambres syndicales de Bordeaux* ajoute, à son historique, un tableau des salaires dans cette ville, deux graphiques, des monographies de ménages ouvriers, ses statuts, un projet de réglementation de la Bourse du Travail et le compte rendu des travaux de l'Union.

Conseils de Prud'hommes

Citons pour mémoire le tableau graphique, placé trop haut, du *Conseil de Prud'hommes du Département de la Seine pour l'industrie des produits chimiques* et les comptes rendus des assemblées du *Conseil de Prud'hommes de Reims*, seuls à exposer à la classe 103.

Syndicats mixtes

Les syndicats mixtes sont la transition tout indiquée entre les syndicats ouvriers et les syndicats patronaux. Bien que peu nombreux, il est vrai, nous n'en devons pas moins les passer en revue; leur exposition étant des mieux comprises, tant par l'abondance des documents exposés que par la façon adroite dont ils ont été groupés.

Prolongements des cercles catholiques ouvriers, ils se ressentent inévitablement de leur origine confessionnelle et, pour certains d'entre eux, il est même obligatoire d'abdiquer toute indépendance d'esprit au seuil du syndicat, l'acte de foi étant une des conditions formelles d'admission.

La *Corporation de Saint-Nicolas*, de Lille, peut caractériser assez bien ce genre d'associations. Ses membres s'engagent à l'établissement et au maintien de la bonne harmonie entre ouvriers et patrons, en soumettant leurs relations réciproques aux règles de la justice et de la *charité*. Nous citons textuellement :

Art. 4 des statuts. — L'Association trouvant, dans les *habitudes religieuses* et morales de ses membres, les plus sûres garanties pour atteindre le but qu'elle se propose, *en fait une condition d'admission*. La corporation est donc chrétienne dans son esprit ; elle se place sous la tutelle de l'évêque du diocèse, qui est représenté auprès d'elle par un prêtre...

Parmi les documents exposés, on peut remarquer une liste des ouvrières de la maison Ph. Vrau qui ont quitté l'atelier pour... entrer en religion.

C'est un véritable tableau d'honneur. Pour la période 1871 à 1897, leur nombre s'élève à 49.

La *Corporation de Saint-Eloi*, de Lille, calquée sur la précédente, s'occupe aussi de mutualité, d'assistance, de pensions de retraite, etc.

Par une belle affiche encadrée, les passants sont invités à assister à une messe solennelle qui sera célébrée à Lille le 3 décembre 1900.

Les bannières de ces deux corporations flottent au-dessus des objets exposés, les couvrant de leur ombre tutélaire.

L'*Association professionnelle de Saint-Fiacre* (Saint-Fiacre, priez pour nous ! — inscription de la bannière) est un syndicat de jardiniers, composé de patrons, d'ouvriers et de *propriétaires*. Le siège est à Paris. Au 1er avril 1900 : 2.668 membres.

Le *Syndicat mixte des Patronnes et Ouvrières en habillement de Carcassonne* présente une vue des locaux du syndicat et un diagramme. Nous y relevons les chiffres suivants :

	En 1888	En 1898
Personnel....................	188	302
Etat de la caisse................	1.964 fr.	10.425 30

Nous rangeons, parmi les syndicats mixtes, le groupement de la *Maison Harmel frères*, du Val-des-Bois. Dans cette fabrique, fonctionne un Conseil d'usine *présidé par un des patrons*, mais d'où sont exclus les contremaitres et les surveillants afin, disent les documents exposés, d'y laisser aux ouvriers toute leur indépendance!...

Cette maison a exposé dans presque toutes les classes de l'Economie sociale.

Le *Syndicat mixte de l'Industrie roubaisienne* est, sans contredit, celui qui laisse le moins percer la note religieuse, et, n'étaient les titres de ses diverses fondations, on serait porté à le croire dégagé de toute préoccupation confessionnelle. C'est aussi le plus important des syndicats mixtes.

Son exposition est faite avec méthode et clarté. Elle permet d'embrasser d'un coup d'œil les résultats obtenus.

Fondé en 1888, il compte actuellement 4,772 membres, avec un total de 133,440 fr. 70 de recettes et 129,621 fr. 30 de dépenses. Il a fondé de nombreuses œuvres, qui fonctionnent à côté de lui : Sociétés de secours mutuels, Caisses de retraites, Caisses d'assurances en cas de decès, placements gratuits, Sociétés d'épargne, Caisse de prêts gratuits, Sociétés pour la construction d'habitations ouvrières, Bibliothèque, Cours professionnels, Cercle d'études sociales, Conseil de conciliation et d'arbitrage, Ecole ménagère et de couture, propagande antialcoolique, Coopérative de consommation ayant déjà vendu 6,091,916 kilos de charbon, donnant un bénéfice de 21,323 fr. 37 et 406.600 kilos de pommes de terre, d'une valeur de 32 398 fr. 90 laissant une ristourne de 1,282 fr. 80.

Comme on le voit, son activité a trouvé de multiples emplois.

De plus, une boulangerie coopérative a été créée en 1892. Elle comptait :

En 1893	2.075	membres
En 1899	13.304	—
En 1900 (1er juin)	13.925	—

La fabrication du pain s'était élevée :

En 1893, à	832,500	kilogr.
En 1899, à	5.221.600	—

Au 31 décembre 1899, le total du pain fabriqué atteignait à 21,100,600 kilos, d'une valeur de 6.136,100 francs, ayant permis de distribuer aux adhérents un trop-perçu de 1.195,305 francs.

Ce sont là des résultats. Cet exemple prouve une fois de plus que, loin de gêner le développement d'un syndicat, la multiplicité des services ne fait, au contraire, qu'en accroître la force et lui amener de nouveaux adhérents.

Malgré les succès affichés par le Syndicat mixte de l'Industrie roubaisienne, notre opinion n'est pas modifiée relativement à cette forme d'association. Nous persistons à croire qu'il est indispensable, pour les ouvriers, de se grouper en dehors de toute ingérence patronale, de s'unir étroitement sur le terrain professionnel, à l'écart des idées religieuses et politiques, dans le seul but de faire aboutir leurs revendications. Cet esprit de lutte en commun et pour tous, qui contient toute la philosophie de l'idée syndicale, est l'abime qui nous sépare des syndicats mixtes et des syndicats ouvriers catholiques. La grève leur apparait comme une calamité, voire même un crime social, quand, pour nous, elle reste un devoir impérieux et la suprême ressource contre les dénis de justice.

Au fond, le syndicat mixte a plutôt l'air d'avoir pour objectif la canalisation des prétentions ouvrières. Généralisé, il formerait un véritable tampon, contre lequel viendraient s'amortir tous les chocs susceptibles de troubler la quiétude des patrons. Nous doutons fort que les travailleurs jouissent, dans cette forme d'organisation, de l'indépendance absolue à laquelle ils ont droit et qui fait leur dignité. Catholique par essence, le syndicat mixte ne peut aboutir qu'à la résignation.

Certains font grief aux syndicats ouvriers d'une soi-disant intolérance révolutionnaire; ceux-là feront bien, avant de porter un jugement définitif, de demander au camarade Hamelin ce qu'il pense de la tolérance mixte, lui qui a été à même d'en goûter les fruits lors d'une conférence qu'il fit au Val-des-Bois, en compagnie de Pelletan et de Chauvière.

Au 31 décembre 1899, on comptait 170 syndicats mixtes comprenant 28,519 adhérents.

Syndicats patronaux

Les patrons, mieux que les ouvriers, ont compris tous les avantages pratiques qu'ils pouvaient retirer de la loi sur les syndicats professionnels. Mieux qu'eux aussi, ils ont su lui faire rendre tout ce qu'elle pouvait donner. Nous n'en voulons pour preuve que le développement pris par cette forme d'association chez les uns et chez les autres. De 500 environ qu'il était en 1884, le nombre des syndicats ouvriers passait à 2,685 au 31 décembre 1899, avec 492,647 adhérents au lieu de 60,000. Les patrons, qui ne comptaient que 138 groupements au moment du vote de la loi, voyaient leur total s'élever à 2,157 à la fin de l'année dernière et le chiffre des membres progresser de 15,000 à 158,300 durant la même période. Pendant que les ouvriers quintuplaient avec peine leurs effectifs, les patrons décuplaient largement les leurs. Rien d'étonnant, dès lors, que l'exposition des syndicats patronaux se ressente un peu de ce bel élan et qu'elle donne au visiteur impartial une impression d'ensemble plus nette que celle qui se dégage de l'exposition ouvrière. Nous n'en faisons point grief à nos camarades, car, comme eux, nous savons que, pour préparer et mener à bonne fin pareille entreprise, pour faire les choses aussi grandement que les ont faites les patrons (séries de graphiques, tableaux impeccables, meubles sculptés abritant de copieuses collections de documents anciens et modernes, nombreuses brochures distribuées gratuitement au public, etc.), nous savons, disons-nous, qu'il faut de l'argent, beaucoup d'argent. Les cartouchières ouvrières ne sont malheureusement pas assez riches en munitions pour nous permettre de brûler aussi fastueusement de la poudre aux moineaux...

En tête viennent naturellement les vétérans : l'ancienne Corporation des Marchands-Merciers, fondée en 1324, et devenue aujourd'hui la *Chambre syndicale des Merciers de Paris; le Syndicat de la Boulangerie de Paris*, et le *Syndicat de la Boucherie de Paris*, créés respectivement : l'un en 1801, l'autre en 1805, par les soins de l'administration préfectorale.

Le *Syndicat de la Boulangerie de Paris* est un des mieux agencés. Conçu dans un but essentiellement pratique, il a joint, à la défense des intérêts professionnels, de multiples créations destinées à faciliter à ses adhérents l'exercice de leur profession. Dans un hôtel lui appartenant, plusieurs fours sont installés qui servent aux expériences; un laboratoire d'analyse permet à chaque boulanger de se rendre compte de la valeur marchande de la farine qu'il emploie.

Le syndicat fournit, en outre, son entremise pour l'encaissement des bons de pain délivrés par les bureaux de bienfaisance, et, dans les affaires de contentieux, il offre gratuitement ses avis aux parties en présence. Il tient aussi des fournils de rechange à la disposition des maitres-boulangers qu'un accident imprévu empêche momentanément de cuire le pain chez eux.

Le *Syndicat de la Boulangerie du département de la Seine* présente une carte indiquant les communes où se trouvent les membres du syndicat.

La *Boucherie en gros de Paris* nous donne, en trois tableaux : 1° le nombre des constatations des animaux saisis partiellement; 2° les arbitrages renvoyés devant elle par le tribunal de commerce; 3° le nombre des blessés de l'abattoir ayant reçu les soins du chirurgien de la mutualité patronale.

La *Boucherie lyonnaise* indique, parmi ses attributions, l'intervention dans les grèves.

Le *Syndicat des Epiciers en détail*, qui compte 2,185 membres et possède un journal, se charge, pour ses sociétaires, de faire procéder à des analyses chimiques de tous produits. Il a organisé une caisse d'assurances contre les accidents du travail et un service de placement pour les employés.

La *Chambre syndicale des Débitants de vins du département de la Seine* fut fondée en 1877, avec 80 adhérents, dans le but de prendre la défense des intérêts généraux de la corporation. En 1884 elle a organisé, à Paris, le Congrès d'où sortit la Fédération des Marchands de vins de France et d'Algérie qui comprend actuellement 128 syndicats. Au 1er décembre 1899, la Chambre syndicale des Débitants de vins de la Seine comptait 17,585 inscrits et 5,073 participants, versant une cotisation annuelle de 12 francs. Elle possède un Bulletin commercial, dont le service est fait gratuitement à tous les sociétaires, ainsi qu'un laboratoire installé à son siège social et pourvu d'un matériel scientifique des plus perfectionnés

Les analyses y sont faites tous les jours et portent sur les vins, cidres, poirés, bières, alcools, liqueurs, etc. Elles sont réservées aux sociétaires et absolument gratuites. Un cours de chimie, professé par le chimiste du syndicat, y a été adjoint en 1892. Des services de contentieux, de défense, de vente de fonds, une bibliothèque et une caisse mutuelle de prévoyance complètent ces heureuses dispositions. Enfin, un office de placement gratuit y fonctionne dans le but de délivrer les garçons marchands de vins. dit la Chambre syndicale, « de cette industrie toute spéciale qui, sous le nom de bureau de placement, vit aux dépens de la clientèle la plus intéressante qui soit, puisque ce sont ceux qui cherchent du travail qui sont rançonnés et trop souvent exploités par ces trafiquants de la misère ».

L'*Union des Chambres syndicales des propriétés bâties de France*. fondée en 1893, a pour but : 1° la défense des intérêts professionnels des propriétaires (heureuse profession !) ; 2° l'étude des questions économiques; 3° l'améliora-ion de la propriété bâtie. Une vingtaine de villes sont représentées dans cette fédération. A côté de l'Union exposent : la *Chambre syndicale des propriétés immobilières de la Ville de Paris*, la *Chambre syndicale des propriétaires marseillais* et la *Chambre syndicale des propriétés immobilières de Lyon*. Aucun de ces syndicats n'est adhérent à la Bourse du Travail de la ville où il fonctionne...

Citons encore :

Le *Syndicat des Entrepreneurs d'Ille-et-Vilaine* :

Le *Syndicat des Sages-Femmes* :

Le *Syndicat de la Presse de l'Alimentation* ;

Le *Syndicat général des Cuirs et Peaux*, avec 1,660 adhérents :

Et le *Syndicat des Hommes d'affaires*, qui expose son projet de tarif (?)...

Notons, pour terminer, le mouvement syndical de quelques-unes des organisations patronales :

Chambre syndicale du Papier :

1861	24 membres
1898	379 —

Syndicat des Gérants de Débits de tabac du département de la Seine :

1896	300 membres
1900	735 —

Syndicat de l'Épicerie Française :

1877	670 membres
1899	3.240 —

Syndicat des Herboristes de France :

1876	110 membres
1900	282 —

Syndicat de la Boucherie de Paris et du département de la Seine :

1869	250 membres
1900	2.500 —

Signalons parmi les fédérations de syndicats patronaux qui ont pris rang à la classe 103 :

Le *Comité central des Chambres syndicales* (Union des Syndicats professionnels), fondé en 1867, qui compte actuellement 48 syndicats avec 8,308 membres. Le Syndicat des Maîtres-Imprimeurs de Paris y figure avec 115 adhérents, et celui des Lithographes avec 140.

L'*Union des Chambres syndicales de Paris et du Département de la Seine* (*industrie et bâtiment*) groupant 34 syndicats ;

La *Fédération des Coiffeurs de France ;*

Enfin, l'*Alliance syndicale du Commerce et de l'Industrie*, dont le siège est rue de Lancry, comptait en :

	SYNDICATS	MEMBRES
	—	—
1889	10	1.192
1900	73	8.552

Au 31 décembre 1899 on comptait 54 unions groupant 927 syndicats patronaux avec 105,557 membres.

Syndicats agricoles

Si l'on reste surpris, en constatant le rapide développement des syndicats patronaux, on l'est bien davantage encore à la vue de l'importance qu'ont prise, en France, les associations d'agriculteurs. Au nombre de 5 seulement, à la date du 1er juillet 1884, les syndicats agricoles atteignaient le chiffre de 557 le 1er juillet 1889, pour monter à 1,824 à la fin de 1898 et arriver au chiffre de 2,069 le 36 décembre 1899. Le total de leurs adhérents, qui s'élevait à 512.794 le 31 décembre 1899, d'après l'Office du Travail, serait, aujourd'hui, supérieur à 600.000, certains disent même 800.000.

Le paysan, que l'on se plaisait à nous peindre comme absolument réfractaire à toute idée d'association, paraît être appelé à en faire usage plus que quiconque, du moins sur le terrain professionnel. L'expérience est là, indiscutable : elle prouve que le cultivateur, lorsque les côtés utilitaires du groupement lui sont suffisamment démontrés, lorsque les effets tangibles en sont clairement exposés à ses yeux, n'hésite pas à associer ses efforts à ceux de ses voisins afin de poursuivre un but d'intérêt général.

Déterminés souvent par des conditions économiques spéciales, les syndicats agricoles prennent, des besoins qui leur donnent naissance, des aspects dissemblables, recourent à des méthodes variées qui font que tel groupe, qui réussit parfaitement dans une région, ne saurait s'adapter à une autre sans se modifier profondément.

Les objets sont nombreux qui sollicitent l'activité collective des cultivateurs, et le champ d'action du syndicat agricole est vraiment illimité. Les services que ses membres peuvent attendre de lui se divisent en deux groupes bien distincts : ceux qui touchent à l'exploitation agricole et ceux qui visent les populations rurales. Pour le premier groupe, ce sont les achats en commun (engrais, semences, instruments, etc.), la vente des produits de la culture ou la transformation industrielle de ces mêmes produits, l'amélioration de l'outillage, les soins du bétail, la reconstitution des vignobles, etc. Pour le second, l'enseignement agricole, la coopérative de consommation, le crédit agricole, les assurances de toute nature, la prévoyance, l'assistance (aide mutuelle en travail), la conciliation des différends, les arbitrages, le placement des ouvriers, la défense des intérêts généraux, etc.

Cet important mouvement syndical s'est encore accru par la création d'Unions régionales de syndicats qui interviennent efficacement auprès des pouvoirs publics et facilitent la propagande. Sur 491,692 membres que comptaient les syndicats agricoles au 31 décembre 1898, 466,529 étaient, par leurs groupes, adhérents à l'*Union des Syndicats agricoles*.

On comprendra aisément, par ce court exposé, le caractère d'unité que prennent les revendications des paysans organisés et la force qui en découle. Nous ne pouvons que souhaiter une organisation aussi solide, aussi compacte, aux travailleurs des villes, et convier tous nos camarades à joindre leurs efforts aux nôtres pour en préparer l'avènement.

Plus encore que les patrons, les agriculteurs ont su donner du relief à leur exposition et faire ressortir les résultats de leurs institutions. Dans la salle du premier étage, surtout, ils font merveille : ce sont de vastes cartes en couleurs et de larges panneaux garnis de diagrammes et de graphiques du plus saisissant effet.

Le *Syndicat central des Agriculteurs de France*, fondé en 1886 sous le patronage de la Société des Agriculteurs de France, comporte les services suivants : engrais, génie rural, semences, produits divers, bétail et librairie agricole. En dehors de ces sections techniques, le Syndicat central comprend encore divers services d'ordre administratif : secrétariat, comptabilité, contrôle, abonnements au *Bulletin*, contentieux, consultations agricoles, placement de régisseurs et d'ouvriers agricoles, etc. Le prix de la cotisation annuelle est fixé comme suit : membre fondateur, 20 francs; membre souscripteur, 6 francs; membre ordinaire, 6 francs. Seuls les membres des deux premières catégories sont admis à assister à l'assemblée générale annuelle.

Ils jouissent, pour s'y rendre, d'une réduction de 50 % sur les réseaux de chemins de fer français et sur les paquebots de la Compagnie Transatlantique. Tous reçoivent gratuitement le *Bulletin*.

Signalons encore au passage : le syndicat des *Agriculteurs de l'Indre*, les syndicats agricoles de *Chartres*, de *Meaux*, du *Loir-et-Cher*, le Syndicat des *Agriculteurs de la Vienne*, le *Syndicat agricole libre de la Marne* et l'*Union des Syndicats agricoles*.

Avec les syndicats agricoles se termine la partie la plus importante de notre rapport. Nous avons accordé quelque développement aux Associations professionnelles, parce que cette question, plus que n'importe quelle autre, intéresse à bon droit tous les travailleurs. Les autres classes de l'Économie sociale seront passées plus rapidement en revue, car, pour les traiter à fond, il faudrait des pages et des pages, et un volume entier n'y suffirait pas.

LA COOPÉRATION

Les Coopératives appartenant aux diverses branches de la Coopération ont exposé en grand nombre au Palais des Congrès. Les résultats obtenus par elles s'affirment, sur les murs, en des tableaux concrets indiquant la marche ascendante de ces organisations, ainsi que toutes les phases de leur développement. Les statistiques minutieuses qu'ils comportent et la clarté avec laquelle elles sont établies, montrent suffisamment que l'apprentissage de la classe ouvrière, pour l'administration des choses, est maintenant en bonne voie. On y sent la main d'administrateurs habiles et de comptables experts, véritablement à la hauteur de leur tâche. La Coopération française semble enfin sortie de l'inévitable période des tâtonnements. Forte d'une expérience de plus d'un demi-siècle, c'est d'un pas assuré qu'elle marche, aujourd'hui, vers une amélioration des conditions économiques des travailleurs.

Si bien du chemin reste encore à parcourir pour atteindre le point où en sont déjà les coopérateurs belges et anglais, la tâche de ceux qui s'emploient à l'extension du mouvement coopératif va se trouver sérieusement facilitée par les décisions des différents Congrès tenus à Paris dans le courant du mois de juillet 1900 — Congrès où tous les délégués des coopératives ont pris contact — où la théorie s'est affirmée avec plus de netteté et dont la pratique elle-même est appelée à bénéficier dans une large mesure. Ces assises vont avoir la plus heureuse influence sur la concentration des forces coopératives, sur leur union en un faisceau unique pour un but déterminé. C'est la phase dans laquelle sont entrées, depuis longtemps, les Sociétés belges et anglaises; c'est avec elle, du reste, que commencèrent leurs plus brillants succès.

La Coopération de production

C'est de 1831 qu'il faut dater, en France, la naissance des Sociétés ouvrières de production. L'honneur en revient à Buchez qui, à cette époque, créa l'Association des Ouvriers Menuisiers, et, trois ans plus tard, l'Association des Ouvriers Bijoutiers en doré. La première n'eut qu'une existence éphémère, tandis que la seconde fonctionna avec succès pendant un temps relativement long. Le but de leur fondateur était de partager, entre tous les collaborateurs de la même entreprise, une partie des bénéfices qu'elle peut produire; l'autre, la plus forte, étant destinée à grossir à l'infini son capital inaliénable et à permettre d'élargir sans cesse le cercle de ses opérations jusqu'à la socialisation complète du travail dans la profession.

Les idées nouvelles sur l'organisation du travail, mises en circulation au moment de la Révolution de 1848, donnèrent une vive impulsion à la forme d'association préconisée par Buchez. C'est ainsi qu'en trois ans, environ 200 Sociétés ouvrières furent fondées. Il est juste de constater que le décret du 5 juin 1848, attribuant 3 millions aux Sociétés de production, ne fut pas pour peu de chose dans cet engouement. Les typographes, qui s'étaient déjà lancés dans le mouvement, à Paris, en 1835, avec l'imprimerie Lacrampe: en 1840, avec l'imprimerie François et Cie, et, en 1844, avec l'Industrie Fraternelle, créèrent, en 1848, les Associations Desoye et Cie, Prèves et Cie, Remquet et Cie: en 1849, l'Imprimerie Générale; en 1850, le Comptoir Typographique. Bordeaux instituait l'Association Meireau et Cie. Marseille possédait, depuis 1841, une Coopérative ouvrière : l'Association des Dix, qui fonctionna jusqu'en 1878.

Le mouvement se ralentit peu à peu dans la suite. Les Sociétés créées durant la période révolutionnaire disparurent petit à petit; d'autres virent encore le jour, qui s'éclipsèrent à leur tour, laissant une fois de plus la place libre pour de nouvelles initiatives. A Paris, dans notre profession, ce fut l'Imprimerie Nouvelle, en 1869; l'Association générale typographique (1867) qui a peu duré; l'Association du *Journal officiel* (1881) et l'Imprimerie Economique (1896). A Lyon, l'Association typographique lyonnaise (1866): l'Imprimerie Nouvelle lyonnaise (1882); l'Imprimerie du *Peuple* (1897). A Marseille, l'Imprimerie Coopérative (1885). A Bordeaux, la Société Coopérative typographique (1872-1875, 1875-1886). Signalons encore les Sociétés suivantes, qui fonctionnent actuellement en province: Imprimerie le Progrès, à Poitiers; Imprimerie Moderne, à Agen: Imprimerie Economique, à Brest (1); Imprimerie Ouvrière, à Charleville; la Laborieuse, à Nîmes; Imprimerie Ouvrière de l'Aube, à Troyes; Imprimerie Coopérative, à Reims. Au 31 juillet 1900, le Ministère du commerce signale l'existence de 12 Associations composées de typographes et d'une autre comprenant des typographes, des lithographes et des graveurs.

La reprise du mouvement coopérateur ne commença guère à se manifester d'une façon notable que vers 1881, à la suite du décret facilitant aux Associations ouvrières l'accès des adjudications pour les travaux de l'Etat. Ce mouvement reprit un nouvel essor en 1889 et entra dans la voie des progressions constantes vers 1893. C'est à cette époque que le legs Rampal est venu, sous forme de prêts, apporter un sérieux appui aux Sociétés parisiennes. De leur côté, les pouvoirs publics ne se font pas faute, aujourd'hui, de prodiguer les encouragements aux Sociétés coopératives et, depuis 1893, fonctionne au Ministère du commerce une Commission spéciale chargée de répartir, entre les Associations ouvrières de production ou de crédit, les fonds inscrits à cet effet au budget de l'Etat. Pour l'année 1899, le montant des subventions ainsi distribuées a atteint le chiffre de 159.600 francs et le nombre des Sociétés bénéficiaires a été de 87.

(1) Cette dernière coopérative et celle de Poitiers sont actuellement en déconfiture.

Au 1er janvier 1895, le nombre des Associations de production était de 140; il s'élevait à 161 au 1er janvier 1896, à 184 en 1897, à 214 en 1898, pour dépasser le chiffre de 240 en 1899, et atteindre celui de 247 au 1er juillet 1900. Sur les 247 Sociétés fonctionnant à cette dernière date, 155 ont fourni au Ministère du commerce des renseignements sur leur effectif : elles comptaient ensemble 10,793 sociétaires, dont 5.018 travaillaient dans les ateliers sociaux en compagnie de 4,217 auxiliaires.

En 1884, était créée la *Chambre consultative des Associations ouvrières de Production*, dans le but de relier entre elles les Sociétés existantes et de faire profiter les jeunes Associations de l'expérience de leurs aînées. 110 coopératives, soit environ la moitié, sont adhérentes à cette organisation.

Pour être admise à la Chambre consultative, toute Association doit être constituée légalement et ne pas exiger de ses adhérents qu'ils aient versé plus de 200 francs pour avoir voix délibérative aux assemblées, ni plus de 1,000 francs pour être éligible au Conseil d'administration : elle ne doit pas accorder dans lesdites assemblées plus d'une voix par 500 francs de capital souscrit, sans que le nombre de voix puisse être supérieur à 5, et, dans celles concernant la revision des statuts ou la liquidation, ne donner droit qu'à une voix à chaque sociétaire : de plus, elle doit s'engager à servir aux auxiliaires une participation dans les bénéfices et à soumettre à l'arbitrage de la Chambre consultative tout différend survenant entre elle et une autre association ou entre elle et un ou plusieurs de ses associés.

La Chambre consultative expose un tableau indiquant la quotité des bénéfices répartis aux travailleurs, associés ou auxiliaires, au prorata des salaires payés. Nous y glanons les chiffres suivants :

Industries du Bâtiment :	MINIMUM
Paris (Sociétés diverses)	20 0/0
Départements (Sociétés diverses)......	25 0/0
	MAXIMUM
Paris (Terrassiers-puisatiers de la Seine)	50 0/0
Départements (Ébénistes, Couvreurs)...	60 0/0
Industries Diverses :	MINIMUM
Paris (Banque coopérative).............	10 0/0
Départements (Horlogers de Besançon).	10 0/0
	MAXIMUM
Paris (Divers)	50 0/0
Départements (Divers)	35 0/0

Un graphique des Associations ouvrières de production en France, de 1834 à 1900, est aussi soumis à l'examen du public; mais il est malheureusement placé trop haut pour pouvoir être consulté.

Nous n'entreprendrons pas de citer ici toutes les Associations exposantes. Nous nous bornerons simplement à en signaler quelques-unes :

L'Association ouvrière l'*Imprimerie Nouvelle* a été constituée le 10 novembre 1869, au capital de 50,000 francs, bien vite insuffisant, puisque l'assemblée générale de 1872 le portait à 100,000 francs, souscrits, aussitôt l'émission, par les ouvriers typographes. En 1879, le capital fut de nouveau augmenté et porté à 200,000 francs, immédiatement souscrits.

Les ateliers furent ouverts le 10 mai 1870, rue des Jeûneurs, 14. Ce local étant devenu trop étroit, en raison de l'essor des affaires, l'agrandissement fut décidé, et c'est ainsi que, de la rue des Jeûneurs, l'Imprimerie Nouvelle est venue s'installer, 11, rue Cadet, en 1881, dans des ateliers très spacieux, construits par ses soins, et comportant tout le confortable et l'hygiène désirables.

Cette Association a passé par toutes les difficultés imaginables : la guerre de 1870 et les événements de 1871, le krach de l'Union Générale en 1882, qui lui faisait perdre les trois quarts de sa clientèle, l'incendie de ses ateliers, survenu en décembre 1895, etc.

Malgré cela, l'Imprimerie Nouvelle n'a pas désespéré et a fini par triompher de tous les obstacles. On jugera de l'importance qu'elle a prise de nos jours par le chiffre de la main-d'œuvre, qui s'est élevé, en cinq années (1895-1900), à 565,960 francs, et par celui de la totalité des affaires dans la même période, qui a atteint 1,241,138 francs.

Emanation du syndicat typographique parisien, l'Imprimerie Nouvelle exige tout d'abord de ses collaborateurs la qualité de syndiqué; le système de travail qu'elle applique est celui que préconise le syndicat, c'est-à-dire la commandite.

La *Société des Ouvriers Lanterniers* n'eut pas à supporter les mêmes déboires. Elle fut fondée en 1893, à la suite d'une grève malheureuse, par neuf ouvriers appartenant à cette profession et un ferblantier, dans le but de se soustraire à l'exploitation de certains patrons et d'essayer, par l'association, d'obtenir la libre disposition du produit total de leur travail. Leurs débuts furent des plus modestes, car, ainsi qu'ils le déclarent eux-mêmes, ils manquaient de tout, sauf de bonne volonté. Au 31 décembre 1894, la somme de 1,250 francs avait été péniblement amassée à l'aide des versements hebdomadaires des sociétaires, et c'est avec cette petite mise de fonds qu'ils commencèrent à tenter la fortune. Elle ne leur fut pas propice tout d'abord; mais, par leur opiniâtreté et grâce aussi à la Chambre consultative, ils finirent par lui arracher quelques sourires. Aujourd'hui, cette Société a franchi le cap des difficultés et vogue allègrement vers le succès.

L'intérêt du capital étant considéré comme une charge sociale, le reste des bénéfices est divisé en 100 parties qui reçoivent les affectations suivantes :

15 0/0 au fonds de réserve jusqu'à ce que ce fonds égale la moitié du capital souscrit;

25 o/o à la caisse de retraites ;
1 o/o à la caisse de prêts ;
4 o/o à la caisse de solidarité ;
5 o/o aux parts d'intérêt libérées ;
50 o/o aux travailleurs associés ou auxiliaires, au prorata de leurs gains de l'année.

Pour ses cinq premières années d'existence, cette Société accuse 10,985 fr. 90 de bénéfices nets.

Tous les travailleurs, associés ou auxiliaires, sont à l'heure. Le prix en est le même pour tous les associés et fixé, chaque année, par l'assemblée générale. Dernièrement, il a été porté de 75 à 80 centimes.

Les chiffres ci-dessous indiqueront la marche ascendante des affaires de cette Société et la composition du personnel employé dans l'atelier social :

CHIFFRES NETS D'AFFAIRES		PERSONNEL EMPLOYÉ	
1895	6.395 80	Associés	9
1896	9.780 30	Auxiliaires	2
1897	26.912 15	Temporaire (comptable)	1
1898	29.834 15	Total	12
1899	48.346 95		

Le capital souscrit au 31 mars 1900 était de 18.200 francs.

Voici maintenant quelques chiffres qui donneront une idée de la situation actuelle de deux importantes associations ouvrières de production et du développement graduel de l'une d'elles :

La *Lithographie parisienne*, fondée en 1866, a essuyé tous les revers imaginables et ce n'est qu'à force de ténacité qu'elle a fini par les surmonter. Le personnel de cette association se décompose ainsi qu'il suit :

Nombre d'associés	108
Associés travaillant au siège social	23
Auxiliaires (femmes, margeurs, receveurs, etc.)	45

Le chiffre des affaires pour 1899 s'est élevé à la somme de 392.918 francs. Nous puisons dans la situation financière de la *Lithographie parisienne* les renseignements suivants :

Capital souscrit Fr.	200.000 »
Capital versé Fr.	122.106 45
Dépôts des sociétaires (comptes courants)	152.917 20
Réserves, retraites, prévoyance	182.033 50
	457.057 15

Bien que 50 o/o des bénéfices nets soient répartis entre tous les travailleurs occupés, sociétaires ou auxiliaires, au prorata des salaires perçus par chacun d'eux, on ne peut s'empêcher de trouver anormale la disproportion qui existe entre le nombre des associés travaillant à l'atelier social et celui des auxiliaires. Nous aurons à constater le même fait dans une Société dont nous parlerons un peu plus loin.

Les *Charpentiers de Paris* (24, rue Labrouste) annoncent leurs résultats de la façon suivante :

ANNÉES	SALAIRES PAYÉS	RÉPARTITIONS DISTRIBUÉES
1893	147.659 85	6.750
1894	228.464 05	35.311
1895	236.867 60	38.462
1896	314.047 95	57.292
1897	372.646 55	69.201
1898	374.972 20	90.430
1899	483.744 60	145.020

Nous terminerons par la Société *le Travail* (entreprise de peinture, 50, rue de Maistre, Paris), qui mérite une mention toute particulière en raison de son mode de fonctionnement.

Fondée en 1882 par huit ouvriers peintres, avec une mise de fonds réelle de 3,600 francs, elle ne comptait seulement, en 1897, qu'un total de vingt-deux associés possédant un capital de 26.400 francs. Bien que ses affaires aient suivi une marche toujours ascendante, elle n'avait donc, à cette dernière époque, que faiblement augmenté son effectif de sociétaires. En 1898, voulant élargir encore davantage le cercle de ses opérations, elle modifia profondément sa constitution en portant son capital à un million de francs et en faisant appel, pour le souscrire, à des personnes étrangères à la corporation, et dans l'impossibilité, conséquemment, de prendre place dans l'atelier social. Les auteurs de cette proposition poursuivaient un double but : donner à la Société de nouveaux moyens d'action et rompre avec les anciennes formules pour tenter l'expérience de ce qu'ils appellent l'*association intégrale* (forme, d'après eux, de la coopération de l'avenir), en essayant ainsi de mettre en pratique une des théories de Fourier : l'association du *capital*, du *travail* et du *talent*.

Quoique le succès ait couronné leur tentative, ils eurent maille à partir avec les coopératives sœurs qui dénièrent alors à la Société *le Travail*, la qualité d'association ouvrière. Aujourd'hui, paraît-il, on lui en tient moins rancune, et cela d'autant mieux que d'autres Sociétés ont suivi son exemple.

Alors que, dans le mode sociétaire, Fourier indiquait la répartition ci-dessous pour les fruits de l'association :

4/12e au capital,
5/12e au travail,
3/12e au talent;

la Société *le Travail*, après avoir distribué un intérêt statutaire (2 1/2 0/0) au capital engagé, répartit de cette façon les bénéfices réalisés :

5 » 0/0 à la réserve ordinaire ;
5 » 0/0 à la réserve extraordinaire ;
27 50 0/0 au dividende ;
17 » 0/0 à la caisse de secours et de retraite ;
32 50 0/0 à la participation ;
9 » 0/0 au directeur ;
4 » 0/0 au Conseil d'administration.

Nous ignorons si les capitalistes qui ont fourni le fonds social l'ont fait par sympathie pour la coopération, mais ce que nous pouvons constater, c'est que là — comme nous le verrons encore plus loin pour les Habitations ouvrières — le bon mouvement s'est traduit par une excellente opération financière. En effet, de l'examen des bilans de la Société, il découle que l'intérêt statutaire de 2 1/2 0/0, joint à la répartition des bénéfices, ont produit, pour l'exercice 1898-99, un dividende total et *net* de 5 0/0; pour 1899-1900, il s'est élevé à **6 25 0/0**: soit, pour les deux années, un revenu moyen de **5 625 0/0**. Nombreuses sont les entreprises purement capitalistes qui ne rendent pas les mêmes résultats.

Nous avons signalé le nombre restreint des associés qui composent ou, plus exactement, qui composaient cette association en 1897, puisque nous n'avons pas de données précises sur ce point particulier pour les dernières années. Ce manque d'extension parmi les travailleurs paraitra encore plus anormal quand on la mettra en parallèle avec le nombre de participants dans la répartition des bénéfices, c'est-à-dire le chiffre des ouvriers ayant travaillé pour le compte de l'entreprise dans le courant de l'exercice, et aussi en le comparant au montant des affaires annuelles.

Nous donnons ces chiffres pour quelques-uns des exercices de la Société afin qu'on puisse se faire une idée exacte de son développement; nous faisons également figurer, dans notre tableau, les bénéfices nets annuels et le coefficient, par heure de travail, de la participation aux bénéfices étendue à tout le personnel, associé ou auxiliaire :

	NOMBRE D'OUVRIERS EMPLOYÉS	MONTANT NET DES TRAVAUX EXÉCUTÉS	BÉNÉFICES NETS	COEFFICIENT DE LA PARTICIPATION PAR HEURE
1883.....	39	90.194 »	4.285 04	0 023
1886.....	39	108.708 29	4.217 06	0 025
1889.....	259	228 214 84	25.378 72	0 050
1891.....	118	195.477 78	23.608 32	0 050
1893.....	207	305.279 02	45.181 53	0 070
1894.....	344	383.307 59	58.103 01	0 070
1895.....	361	455.449 92	68.081 »	0 073
1896.....	513	664.178 01	105.068 84	0 080
1897.....	341	621.739 »	109.883 18	0 085
1898-1899	576	988.023 93	136.448 71	0 050
1899-1900	1.475	2.148.317 15	442.110 12	0 050

Une coopérative groupant 22 travailleurs qui en emploient eux-mêmes 1.400 autres en faisant fructifier des capitaux étrangers, nous conduit bien loin de la forme et du but de l'association rêvée par Buchez : l'absorption continue de l'outillage de toute une industrie par l'accumulation des bénéfices, l'extension des affaires et l'adjonction illimitée de nouveaux travailleurs associés. Cette pratique de la coopération doit-elle être considérée comme un progrès ? Nous ne le croyons pas, car, étendue et acceptée par les travailleurs, elle consacrerait une des fonctions actuelles du capital et tendrait à perpétuer le salariat, cette dernière forme de l'esclavage que même les plus tièdes (1) considèrent aujourd'hui comme transitoire et devant disparaître tôt ou tard de notre régime économique.

(1) Lire le discours prononcé par M. Paul Deschanel, à Bordeaux, le 21 octobre 1906.

Enfin citons encore la *Laborieuse*, imprimerie coopérative de Nimes: l'*Association des ouvriers en Limes* et celle des *Lunetiers*, deux rares sur antes de la période 1848: les *Maçons de Paris*: la *Boulangerie ouvrière;* les *Ouvriers et Ouvrières en sacs en papier*, qui, dans une petite brochure, racontent leur intéressante histoire; l'*Union des Menuisiers:* le *Familistère de Guise*, dont la genèse est connue de tous: les *Tapissiers:* les *Doreurs:* les *Ouvriers en instruments de précision:* les *Fondeurs de Chalon-sur-Saône;* la *Pêche coopérative*; la *Boulangerie coopérative du IIe arrondissement de Lyon*: etc., etc.

Le Congrès international des Associations ouvrières de production s'est tenu du 11 au 13 juillet. Nous relevons, parmi les décisions prises :

Taux du salaire dans les Associations. — Le Congrès émet l'avis que les ouvriers associés doivent se contenter du salaire moyen de leur corporation et dans la localité, afin de pouvoir concourir avantageusement dans les adjudications — et que, pour les professions où il existe une Chambre syndicale, le taux des salaires fixés et obtenus par la Chambre syndicale serve de base à l'établissement de ce salaire moyen. Quand il s'agit de travail à façon, il doit être fixé un minimum de salaire hebdomadaire.

Durée de la journée. — Le Congrès exprime l'opinion que les Associations ouvrières doivent, afin de diminuer les chances de chômage, abaisser graduellement la durée des heures de travail jusqu'à la durée normale de huit heures.

Travail aux pièces. — Le Congrès exprime l'avis que les Associations ouvrières doivent toujours chercher à supprimer, dans leurs ateliers, le travail aux pièces.

Il nous parait superflu de souligner l'importance de ces résolutions.

La Coopération de consommation

Beaucoup plus importante est la coopération de consommation, et les résultats obtenus en France sont déjà considérables. Nous n'en indiquerons ni le but ni les moyens d'action, connus qu'ils sont de tout le monde. Quelques chiffres donneront, d'ailleurs, une idée assez exacte du développement rapide pris par cette branche de la coopération, au cours des dernières années :

ANNÉES	NOMBRE DE SOCIÉTÉS	BOULANGERIES COMPRISES DANS CE TOTAL
1892	942	»
1893	1.091	394
1894	1.089	»
1895	1.158	439
1896	1.217	509
1897	1.311	491
1898	1.449	»
1899	1.489	612

Les chiffres ci-dessus (pour le nombre total des Sociétés) sont empruntés à l'*Almanach de la coopération française*. Au 1er juillet 1900, l'Office du Travail signalait l'existence de 641 Sociétés s'occupant exclusivement de boulangerie et de 1,122 Sociétés opérant des ventes diverses.

D'une statistique établie en 1898, il résultait que 149 Sociétés faisaient plus de 50,000 francs d'affaires, dont 12 plus de 500.000 francs, 6 plus d'un million, 3 plus de deux millions, 1 plus de trois millions et 1 plus de cinq millions.

Citons, parmi les Sociétés exposantes :

La *Société coopérative du XVIIIe arrondissement* (rue Jean-Robert), fondée en 1866 avec 145 membres et qui en compte, actuellement. 2,444. Elle possède en toute propriété l'immeuble où sont installés ses magasins.

La *Société de Saint-Rémy-sur-Avre.*

La *Ménagère*, de Grenoble.

L'*Economie sociale*, de Clichy.

L'*Union*, de Limoges.

La *Moissonneuse*, de Paris (13,670 adhérents). Le capital au premier jour (1874) était de 1.600 francs, dont 32 francs versés: il atteignait, au 2 janvier 1900, la somme de 1.168,600 francs, dont 521.550 fr. 05 versés. Les réserves, à cette dernière date, étaient de 363,067 fr. 95. Elle a réparti à ses sociétaires 83,633,794 fr. 85 de marchandises, et leur a restitué le trop-perçu, soit 6 fr. 469 o/o ou une somme de 5,410,586 fr. 75. Les statuts de cette Société portent (article 32 que « les transferts ne sont autorisés, en cas de décès d'un sociétaire, qu'au profit de sa veuve, de ses enfants mineurs ou de *sa compagne* ». Cette particularité valait la peine d'être notée: elle nous montre que, dans une Association de travailleurs, on ne fait aucune différence, quant aux droits, entre la femme légitime (au sens légal du mot) et celle qui s'est passée du ministère de l'officier de l'état civil. Nous avons, du reste, déjà rencontré cette affirmation dans les statuts de la caisse des veuves du syndicat des égoutiers.

La *Revendication*, de Puteaux, fut fondée en 1866, par Benoit Malon. Elle est propriétaire de l'immeuble où est établi son siège social. Le capital s'élève à 400,000 francs et l'effectif à 3.978 membres. Le chiffre d'affaires du deuxième semestre de 1899 a atteint 1.290,289 fr. 65, sur lequel une somme de 132,262 fr. 60 a été distribuée à titre de trop-perçu.

L'*Alliance des Travailleurs*, de Levallois-Perret, a été créée en 1890. Son chiffre d'affaires est, aujourd'hui, de 1.200.000 francs et son capital de 200.000 francs. Quatre succursales aident à son fonctionnement. Elle a fait édifier un immeuble avec salle pouvant contenir 3,000 personnes, dont le coût est d'au moins 600.000 francs. Le nombre des sociétaires s'élève à 3,000.

L'*Egalitaire*, fondée en 1876 avec 40 membres, en possède maintenant 8,000. Le montant des affaires atteint 4 millions. Deux immeubles figurent à l'actif pour une somme de 700.000 francs. 727.000 francs représentent le total des sommes distribuées depuis la fondation. Dans cette coopérative. le personnel employé ne fait que *neuf heures de travail par jour*

L'*Abeille Suresnoise* naquit en 1868 avec 48 membres et débuta par un chiffre d'affaires de 20,412 francs. En 1899, ces deux chiffres sont passés respectivement : l'un, à 900 membres ; l'autre, à 516,740 fr. 85.

La *Fraternelle*, d'Haraucourt (Ardennes).

La *Société des Employés civils de l'Etat, du département de la Seine et de la Ville de Paris* est une des plus importantes parmi les Sociétés coopératives de consommation. Instituée en 1887 au capital de 146,050 francs (porté depuis à 400,000 francs), elle comptait, au 1er janvier 1900, 16,074 adhérents, dont 6,971 actionnaires.

Le tableau suivant qui donne, année par année, le montant des ventes directes et des ventes totales de la Société, permettra de suivre pas à pas le développement de cette Association.

	VENTES DIRECTES	VENTES TOTALES
Juin 1887 et 2e semestre 1887	368.320 »	368.320 »
Année 1888	1.160.512 30	1.461.796 85
— 1889	1.924.036 25	2.548.944 05
— 1890	2.800.893 85	4.011.624 78
— 1891	3.436.676 95	5.513.464 15
— 1892	3.827.705 55	6.037 868 61
— 1893	3.988.776 60	6.253.043 47
— 1894	4.106 202 95	6.337.270 90
— 1895	4.338.780 45	6.537.707 47
— 1896	4.919.220 45	7.132.364 20
— 1897	4.907.988 15	7.067.283 05
— 1898	5.235.315 20	7 434.971 80
— 1899	5.670.282 95	7.978.711 10
Totaux	46.684.711 65	68.683.370 43

Voici, d'autre part, les sommes perçues par les sociétaires à titre de répartition aux acheteurs et de remises directes faites par les intermédiaires :

	RÉPARTITIONS AUX ACHETEURS	REMISES D'INTERMÉDIAIRES
Juin 1887 et 2e semestre 1887	10.823 85	» »
Année 1888	34.245 51	15.586 05
— 1889	101.630 40	47.675 48
— 1890	116.155 73	83.104 88
— 1891	174.495 88	155.602 33
— 1892	203.190 60	173.954 05
— 1893	225.435 50	188.511 »
— 1894	255.912 28	170.909 55
— 1895	300.200 61	167.677 55
— 1896	346.447 10	170.291 20
— 1897	350.319 01	163.059 30
— 1898	331.729 43	165.556 »
— 1899	409.008 55	174.701 70
Totaux	2.859.594 45	1.676.629 09

Le fonds de réserve de l'Association s'élève aujourd'hui à la somme de 623,871 fr. 70.

En résumé, depuis la fondation de la Société, les sociétaires ont bénéficié d'une économie de :

Répartition semestrielle....................	2.859.594 45
Remises des intermédiaires.......	1.676.629 09
Fonds de réserve,..........................	623.871 70
Soit un total de.........	5.160.095 24

Non compris 212,184 fr. 75 servis comme intérêts du capital.

A titre de participation aux bénéfices (prévue par les statuts) il a été distribué jusqu'à ce jour, aux employés de la coopérative, une somme de 381,279 fr. 13.

L'*Union de Roubaix*, déjà citée aux Syndicats mixtes, comptait, en :

1893..........	2.075	membres.
1899.........	13.304	—
1900 (1er mai)........	13.825	—

Panification :

1893........	832.500	kilog.
1899.................	5.221.600	—

Sa boulangerie économique est arrivée à fournir le pain de ménage, qualité supérieure, à moins de 0 fr. 10 la livre.

La Société de consommation des *Usines de Pied-Selle*, à Fumay (Ardennes), annonce, depuis sa création, un chiffre total d'affaires de 3,055,707 fr. 11. Les bénéfices réalisés se décomposent ainsi :

Réserves..................	52.250 12
Dividendes......	548.785 57

Ce mot : *dividendes* a dû choquer un coopérateur bon teint puisqu'il l'a rayé au crayon sur le tableau exposé pour lui substituer, au-dessus, le mot : *bonis*.

Enfin, un très grand nombre de coopératives d'employés de chemins de fer.

Parmi elles, nous noterons la *Société coopérative de l'Est*, qui n'admet que des agents de chemins de fer ayant au moins six mois de service et habitant Paris ou sa banlieue. Chaque sociétaire ne peut être possesseur que d'une seule action de 25 francs.

Voici les chiffres qui ont servi à constituer son tableau :

ANNÉES	SOCIÉTAIRES	MARCHANDISES RÉPARTIES	FRAIS GÉNÉRAUX	PLUS-VALUE OU BONI	FONDS DE RÉSERVE
1893....	2.038	480.782 75	5 04	24.024 55	11.799 55
1894....	2.524	946.517 45	4 96	47.146 »	34.795 65
1895....	2.702	1.059.360 70	5 01	73.954 15	50.000 »
1896.....	2.796	1.106.550 65	5 01	99.331 10	50.000 »
1897.....	2.961	1.177.216 »	5 26	105.489 70	50.000 »
1898.....	3,127	1.360.335 10	4 55	125.315 40	50.000 »
1899.....	3 311	1.479.097 85	4 69	136,379 05	50.000 »

Nous avons gardé pour la fin la *Société Ouvrière*, de Lyon, fondée par les adhérents de la chambre syndicale des tisseurs qui a pour elle de particulier d'avoir su donner aux souvenirs de son origine une forme tangible qui gagnerait à trouver de nombreux imitateurs. En effet, un article de ses statuts prévoit, au profit de la Chambre syndicale des tisseurs, une participation de 5 % dans les bénéfices de l'année. La chose en vaut la peine puisque, pour l'exercice 1899, cette dernière s'est vu allouer, de ce chef, une somme de 2,960 fr. 60! Bien mieux, à chaque inventaire de fin d'année, le sociétaire doit déposer son livret de coopérateur pour y faire transcrire son prorata, ainsi que son livret de la Chambre syndicale A JOUR, *sous peine de ne pas participer aux bénéfices de l'année.* La Société Ouvrière, dont le capital souscrit s'élève à 55,000 francs, s'occupe surtout de la vente des vins, bières, liqueurs, limonade et chocolat. Le montant des ventes pour l'année 1899 s'est élevé à 351,122 fr. 10, laissant un bénéfice de 59,211 fr. 90 qui s'est traduit par un boni de de 4,10 % pour les sociétaires et de 8 % pour les consommateurs. Une caisse de retraites y fonctionne régulièrement, gagée par un prélèvement de 15 % sur les bénéfices, par le produit des amendes pour absences aux assemblées générales et par les bonis non réclamés par les sociétaires. La situation à la fin de l'année dernière accusait une encaisse de 53,927 fr. 10. (1)

Comme on le voit, voilà un type de Société coopérative sortant un peu de l'ordinaire et qui a su faire marcher de pair et les intérêts particuliers de chacun de ses membres et les intérêts généraux de la corporation. Les résultats de cette expérience valent la peine d'être médités. Ils donnent à penser quelle puissance nouvelle acquerraient nos syndicats ouvriers s'ils étaient tous doublés d'une organisation semblable, fonctionnant près d'eux, et aussi quel point d'appui ils trouveraient en elle dans les moments de combat si, à côté de l'indemnité de grève allouée par eux, cette organisation était assez prospère pour ouvrir un crédit à ceux qui ont quitté l'atelier ou même organiser des distributions gratuites d'aliments.

Voyez-vous, par exemple, la Bourse du Travail de Paris, qui compte environ 80,000 syndiqués, mettre sur pied une pareille institution? Il n'en

(1) L'époque tardive à laquelle notre rapport a été remis à l'imprimerie nous a permis de rectifier quelques chiffres qui n'étaient que provisoires au Palais des Congrès et devenus définitifs depuis. Des documents aussi ont vu le jour qui paraissent devoir infirmer certaines de nos appréciations s'ils sont confirmés par la suite. C'est ainsi qu'à Lyon, d'après une publication récente de l'Office du Travail, la Société Ouvrière aurait été plutôt néfaste au syndicat des tisseurs, alors que, des notes qui nous sont envoyées de cette ville, il résulterait que cette association — par sa section de chauffage, notamment — aurait eu pour résultat de baisser les prix de certaines marchandises et de *rallier des adhérents* à la Chambre syndicale.... Laquelle des deux versions est la bonne ?... Quoiqu'il en soit, un échec à Lyon ne saurait suffir à faire condamner des tentatives de cette espèce, et la forme qu'a prise l'organisation de la grève à Saint-Eloy et à Monceau (grenier d'abondance, repas en commun et distribution de secours en nature) semblerait plutôt devoir pousser les travailleurs dans cette voie, car nul doute qu'une coopérative fonctionnant depuis longtemps, ayant des approvisionnements et du crédit aurait au moins été d'une aussi grande utilité aux mineurs qu'un service qu'il a fallu créer de toutes pièces au milieu de l'effervescence générale.

faudrait pas davantage pour lui rendre sa pleine et entière liberté d'action en la débarrassant des générosités municipales que nous continuons à considérer comme une entrave. Cela lui permettrait, en outre, dans les grèves parisiennes, d'apporter *immédiatement* aux ouvriers, en même temps que des paroles d'encouragement, les moyens matériels de continuer la lutte.

De même que les syndicats ouvriers, pour augmenter leur puissance d'action, se sont réunis en fédérations de métier ou d'industrie, qui, à leur tour, se sont reliées entre elles en créant la Confédération générale du Travail, de même on aurait pu s'attendre à voir les Sociétés coopératives de consommation se fédérer aussi pour essayer d'obtenir des résultats identiques et de pousser le plus loin possible la suppression des coûteux intermédiaires en établissant des points de contact de plus en plus grands, de plus en plus nombreux entre celui qui produit effectivement en transformant la matière première et celui qui achète le produit pour le consommer. A l'étranger, en Angleterre et en Belgique notamment, c'est la méthode qui est employée avec succès. En France, le mouvement coopératif n'a pas encore atteint ce degré de développement, mais il parait bien près d'y arriver. Du reste, une tentative des plus concluantes a été faite dans ce sens par les Sociétés coopératives de consommation des employés de chemins de fer de la Compagnie Paris-Lyon-Méditerranée.

En 1889, se réunissaient à Lyon les délégués de quinze Sociétés coopératives du P.-L.-M., afin d'examiner s'il n'y aurait pas utilité, pour les associations qu'ils représentaient, à les unir dans le but de centraliser leurs commandes et de procéder par d'importants achats pour obtenir de meilleures conditions de qualité et de prix. Poser la question, c'était la résoudre. Ils fondèrent immédiatement la *Fédération des Sociétés coopératives de consommation du P.-L.-M.* qui, depuis lors, n'a cessé de fonctionner et de progresser. Cette institution, qui a son siège à Grenoble, est administrée par un Conseil élu en Congrès et prenant le titre de bureau-directeur. Il a surtout pour mission de recevoir les commandes des Sociétés, de les récapituler et de les adresser ensuite aux négociants ou producteurs agréés comme fournisseurs de la Fédération. En cas de plaintes des Sociétés contre ces derniers ou d'inexécution des traités qu'ils ont signés, le bureau-directeur se substitue à elles pour faire le nécessaire et prendre toutes les mesures qu'il convient. En un mot, il est chargé de la direction des affaires commerciales de la Fédération. Un des caractères distinctifs et non des moins curieux de l'organisation et du fonctionnement de la Fédération P.-L.-M., c'est l'absence de tout capital social et de tout magasin. Ces deux facteurs lui sont inutiles puisqu'elle ne fait que centraliser les commandes pour les passer aux fournisseurs acceptés par elle. Son budget, dont le côté dépenses ne comprend que les frais d'administration, est alimenté par la cotisation annuelle des Sociétés, laquelle est fixée à 5 centimes par membre et par an pour les Sociétés fédérées et à 15 francs par an pour les Sociétés correspondantes. Ces dernières sont des Sociétés ne comprenant pas exclusivement des employés du

P.-L.-M. mais qui n'en sont pas moins admises à bénéficier des avantages de la Fédération : parmi elles, un groupe important est constitué par les Sociétés de consommation des employés des chemins de fer de l'Est.

Au premier Congrès, en 1889, 15 sociétés donnèrent leur adhésion à la Fédération ; elle en groupait 25 en 1890, 26 en 1891, 28 en 1892 et 1893, 26 en 1894, 31 en 1895, 37 en 1896, 31 en 1897, 39 en 1898, 45 en 1899 et 55 1900. A cette époque, les 55 Sociétés adhérentes, composées exclusivement d'employés du P.-L.-M., comptaient 16,630 sociétaires. Il convient d'ajouter à ces chiffres les Sociétés correspondantes, comprenant le groupe de l'Est, avec 21 Sociétés et 13,115 membres et les Sociétés diverses au nombre de 14, avec 5,487 adhérents ; soit, au total, pour la Fédération P.-L.-M., 90 Sociétés et 35,262 sociétaires. Pour l'exercice 1899, les livraisons de marchandises se sont élevées à 15,673,625 fr. 13, ayant permis de réaliser une économie totale pour les sociétaires de 1,525,579 fr. 35, y compris le boni net distribué et représenté dans ce chiffre par la somme de 1,306,366 fr. 49.

Nous n'insisterons pas davantage, car il est clair que cette expérience a rendu, et au delà, tout ce qu'attendaient d'elle les employés du P.-L.-M.

Après la Fédération P.-L.-M., il convient de citer la *Fédération des Sociétés coopératives du Midi*, dont le siège est à Marseille, et qui expose ses statuts, un graphique et l'historique de chacune des Sociétés qui la composent.

A côté de ces tentatives un peu particulières, des essais, pour grouper les Sociétés de consommation et ayant un caractère plus général, ont également vu le jour. C'est ainsi qu'en 1885, le premier Congrès des Sociétés coopératives de consommation de France, réuni à Paris, décidait la création d'une *Chambre économique* qui devait s'occuper des questions commerciales intéressant les Sociétés : elle devint, en 1889, la *Fédération nationale*. Ce fut le première tentative d'organisation, en France, d'un magasin de gros, tentative qui échoua. La même année, par décision du Congrès international coopératif, la *Chambre consultative* devenait le *Comité central de l'Union coopérative des Sociétés françaises* de consommation. C'est sous cette forme qu'elle fonctionne encore aujourd'hui. Le Comité central, qui a pour objectif la création de grands magasins de gros, à l'instar des Wholesales anglaise et écossaise, n'a réussi, jusqu'ici, à grouper qu'un nombre restreint de Sociétés de consommation, comme en font foi les chiffres ci-dessous :

En 1890.	50	Sociétés.	En 1895.	190	Sociétés.
1891.	86	—	1896.	203	—
1892.	99	—	1897.	247	—
1893.	130	—	1898.	278	—
1894.	163	—	1900 (1er janvier). .	307	—

Chargé de représenter la Coopération française auprès des pouvoirs publics, le Comité central n'a pas cessé de réclamer le vote définitif de la loi coopérative en instance devant le Sénat.

Bien que n'exposant pas à l'Économie sociale, signalons, pour mémoire, la *Bourse coopérative des sociétés ouvrières de consommation*, autre organisation centrale qui fut fondée à Paris en 1895. Elle groupe actuellement 20 sociétés environ.

Un Congrès international des Coopératives socialistes a été organisé, durant l'Exposition, au Pavillon syndical, par les soins de la Bourse des Coopératives. Un second, les comprenant toutes indistinctement, s'est réuni sous les auspices du Comité central des Sociétés de consommation. Enfin, l'Alliance coopérative internationale s'était donné comme mission l'étude, à un point de vue général, des différentes questions traitées par les trois Congrès antérieurs des Associations de production, de consommation et de participation aux bénéfices.

Ces Congrès ont pris d'importantes décisions qui tendent surtout à concentrer les efforts des coopérateurs pour leur faire rendre une plus grande somme d'effets. Comme nous l'avons déjà dit, ils sont appelés à donner une nouvelle et vive impulsion au mouvement coopératif.

La Coopération de crédit

Malgré les nombreux succès obtenus par elle à l'étranger, en Allemagne notamment, cette branche de la coopération est la plus lente à se développer dans notre pays. Aussi les Sociétés exposantes sont relativement peu nombreuses à la classe 103. Nous nommerons, en passant :

La *Caisse de prêts* des employés du chemin de fer de l'Etat ;

La *Banque populaire de Menton* ;

La *Banque populaire du Ve arrondissement de Paris* ;

La *Prudence*, banque populaire de Montceau-les-Mines, fondée en 1887, parait des mieux administrées. Les chiffres ci-dessous suffiront à en indiquer le rapide développement :

	1887	1899
Capital	14.000 »	150.050 »
Fonds de réserve	46 75	50.526 04
Fonds en dépôt	3.766 80	398.848 80
Caisse d'épargne « Tirelire »	452 95	20.546 25
Caisse d'épargne	4.102 85	2.404 678 37
Mouvement général des affaires	173.189 95	55.979.988 71
	1889	1899
Portefeuille	89.612 25	330.439 54
Comptes courants	293.548 58	14.847.408 49

De 1887 à 1899, le dividende moyen distribué a été de 8 o/o, avec un montant total de 79,665 fr. 90. Cette Société a, en outre, institué un service d'*Avances pour bâtir*, dont nous parlerons quand nous examinerons la classe 106, spécialement consacrée aux Habitations ouvrières.

Le *Centre fédératif du Crédit populaire en France*, que préside M. Eugène Rostand, fut créé en 1889, dans le but de répandre les Associations du crédit urbain et agricole, de réaliser la décentralisation et le libre emploi de l'épargne populaire et d'obtenir, pour y arriver, une législation plus libérale que celle qui régit actuellement la matière. Le Centre fédératif publie une revue mensuelle et, pour aider à la diffusion des caisses agricoles par les syndicats, il leur accorde de petites subventions ou leur fournit gratuitement les livres de comptabilité nécessaires à leur fonctionnement. Plus de 200 de ces institutions ont été fondées de cette façon. Le Centre fédératif a encore, comme moyen d'action, ses Congrès annuels qui se tiennent successivement dans différentes villes de France. C'est lui qui a organisé le grand Congrès international du Crédit populaire qui s'est tenu cette année au Palais des Congrès, sous la présidence M. Lourties, ancien ministre du commerce.

Enfin, la *Banque coopérative des Associations ouvrières de production*, qui ne fait d'opérations qu'avec ses actionnaires. Fondée en 1893 par 33 associations avec un capital de 10,000 francs, elle obtenait, peu de temps après, une subvention de 50,000 francs sur les fonds inscrits au Ministère du commerce et de l'industrie pour encouragements aux Associations ouvrières. La fortune devait lui être plus favorable encore dans le courant de l'année suivante : elle se présenta sous les traits d'un généreux bienfaiteur, M. Faustin Moigneu, vieux phalanstérien et ancien collaborateur de Victor Considérant, qui lui fit don, le plus simplement du monde, d'une somme de 500,000 francs, à la condition expresse qu'il n'en fût pas question dans les journaux. La mort récente de M. Moigneu a libéré la Banque coopérative de la discrétion à laquelle elle se trouvait obligée et lui a permis de faire connaitre au public le nom de son bienfaiteur.

Aujourd'hui, le capital de la Banque coopérative s'élève à environ 650,000 francs. Sur cette somme, 75,000 francs ont été versés par l'Etat. Voici quelques chiffres qui donneront une idée du developpement de cette Association :

	MOUVEMENT DES OPÉRATIONS	FONDS EMPLOYÉS DANS LESDITES OPÉRATIONS	CAPITAUX ENGAGÉS	BÉNÉFICES BRUTS	ASSOCIATIONS INSCRITES
1894....	1.339.092	297.110	558.832	8 510	47
1895....	1.863.388	499.143	573.982	13.988	58
1896....	1.068.428	535.637	593.129	13.718	64
1897....	1.253.101	574.996	629.777	14.937	67
1898....	1.919.069	629.768	645.415	18.442	71
1899....	2.372.412	609.554	692.169	13.490	77

Sur ces six années d'exercice, quatre se sont soldées par un bénéfice net total de 19,572 fr. 50, les deux autres accusent un déficit de 7,766 fr. 41 par suite de pertes sur avances irrécouvrées. L'ensemble des opérations se traduit donc par un bénéfice net de 11,806 fr. 09. Si la Banque n'avait eu que cet objectif, le résultat obtenu serait plutôt insignifiant; mais il disparaît à côté des nombreux services qu'elle a déjà rendus aux associations ouvrières de production et de ceux plus nombreux encore qu'elle est appelée à leur rendre dans l'avenir en leur assurant le crédit au meilleur marché possible.

La Coopération agricole

Liée intimement aux syndicats agricoles, cette branche de la coopération revêt, tour à tour, les diverses formes que nous venons d'énumérer.

Coopérative de production avec les associations fromagères, les laiteries coopératives, les sucreries, et coopératives de consommation pour l'achat en gros et la revente au détail des matières nécessaires à l'agriculture, elle devient coopérative de crédit avec les caisses de crédit agricole, banques populaires et caisses de crédit mutuel agricole. Il est déjà presque impossible de chiffrer les obligations dont les agriculteurs lui sont redevables : les tableaux-affiches au Palais des Congrès en font foi.

Nommons parmi les coopératives agricoles exposantes :

Pour la production : la *Société coopérative des Viticulteurs de Cognac et des Charentes*, les *Laiteries coopératives des Charentes et du Poitou* et de *Thairé-d'Aunis;* les *Sucreries coopératives de Wavignies* et de *Leglantiers;* les coopératives de *Battage des Grains de Vineuil*, d'*Haudivilliers* et de *Montreuil-sur-Brèche*.

Pour le crédit : la *Caisse agricole de Castellar* et celle d'*Oraison*, le *Crédit Agricole de l'Ariège*, et ceux des *Alpes*, du *Doubs*, de *Poligny*, etc.

⁂

De l'examen général de la coopération en France se dégage une impression de vitalité, de progression lente, mais constante, qui fait augurer, pour l'avenir, des résultats mieux en proportion avec les efforts accomplis.

Cette marche en avant va se trouver considérablement facilitée par les organismes centraux qui fonctionnent actuellement dans les différentes branches de la coopération.

Le Comité central et la Bourse des coopératives, notamment, bien que paraissant peu faits pour s'entendre, n'en vont pas moins aider à la concentration des Sociétés de consommation et pousser à leur développement en nombre et en puissance. De leur côté, la Chambre consultative va continuer à guider les premiers pas des jeunes associations de production. et la Banque coopérative s'emploiera de plus en plus à leur faciliter le crédit sans lequel aujourd'hui aucun commerce ne peut fonctionner.

Malgré cet heureux ensemble de dispositions qui tiendra, nous l'espérons, tout ce qu'il promet, la coopération française ne réussit guère qu'à éveiller notre curiosité, quand ce sentiment est remplacé par l'enthousiasme à l'étude des coopératives belges et anglaises. Néanmoins, nous estimons qu'un examen approfondi de cette question amènerait la plupart des travailleurs à modifier leur attitude à son égard. Peut-être faut-il voir, dans ces modestes associations, les linéaments économiques de la Société future ! Peut-être que de ces timides essais d'entente entre travailleurs pour produire les objets nécessaires à l'existence et opérer leur répartition entre les consommateurs, en dehors des intermédiaires, jaillira, tout organisé, l'ordre social de demain !...

LA RÉMUNÉRATION DU TRAVAIL

La classe 102, qui se divise en deux sections : la *rémunération du travail* et la *participation aux bénéfices*, est une des plus pauvres de l'Économie sociale, au moins en ce qui concerne la première. La participation aux bénéfices, que nous analysons plus loin, y a seule quelque importance.

Le salaire, pourtant, était de nature à fournir une copieuse exposition, et il aurait été du plus haut intérêt que chaque syndicat ouvrier indiquât, par des tableaux et des graphiques, les fluctuations qu'il a pu subir au cours du siècle, ainsi que les causes qui, directement ou indirectement, ont tour à tour déterminé sa hausse ou sa baisse : transformations industrielles, inventions nouvelles, concurrence étrangère, politique et crises économiques, grèves, groupements ouvriers et patronaux, etc. Cette statistique ouvrière, doublée de celle du coût de la vie aux époques correspondantes, n'aurait certainement pas fait mauvaise figure à côté des enquêtes officielles du Ministère du commerce citées dans ce chapitre, mais dont nous reparlons d'autre part, et il aurait été curieux de comparer les conclusions qui se seraient dégagées de leur ensemble.

Pour mener cette entreprise à bonne fin, il suffisait qu'une organisation centrale — la Confédération générale du Travail, par exemple — en prit l'initiative et envoyât aux organisations ouvrières un tableau-type à remplir, soit à l'aide des documents que chaque syndicat peut avoir en sa possession, soit en ayant recours aux souvenirs des anciens. Ces tableaux-types, centralisés par région et par industrie, auraient servi à l'établissement de moyennes à peu près exactes, permettant ainsi de fixer les variations du salaire pendant les cent dernières années.

L'occasion était excellente de contrôler non seulement les enquêtes de l'Office du Travail, mais encore de vérifier le degré d'exactitude des calculs des économistes et voir aussi dans quelle mesure est exacte cette affirmation que le coût de la production n'est affecté que très légèrement par les taux des salaires. Un professeur de l'Université de Liège, M. Gérard, essayait dernièrement de fixer l'influence des prix de main-d'œuvre sur les conditions de la production. D'après son enquête, les chiffres comparatifs seraient les suivants :

	SALAIRE QUOTIDIEN	VALEUR DE LA MAIN-D'ŒUVRE PAR TONNE
États-Unis	12 20	17 15
Grande-Bretagne	6 25	15 15
France	4 15	16 90
Belgique	3 20	10 50

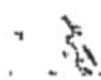

Ainsi, en France, pour des salaires équivalents au tiers de ceux payés aux États-Unis, le prix de la main-d'œuvre resterait sensiblement le même. M. Gérard explique cette particularité par l'action exercée par l'élévation des salaires sur le moral de l'ouvrier et par la meilleure alimentation qui lui permet de fournir un rendement supérieur.

A ce sujet, nous donnons ici, à titre de renseignements, le tableau suivant emprunté au livre de M. P.-V. Beauregard : *Essai sur la théorie du salaire*, et concernant les salaires moyens payés au XIXe siècle :

Agriculture :

	SALAIRE	AUGMENTATION
1879	0 70	»
Début du siècle	1 05	50 0/0
1853	1 41	34 —
1872	2 04	44 —
1880	2 32	13 —

Industrie :

	SALAIRE DES HOMMES (Paris non compris)	AUGMENTATION
1789	1 30 ou 1 40	»
Début du siècle	1 50 ou 1 60	14 0/0
1853	2 06	28 —
1872	3 09	50 —
1880	3 46	12 —

En 1891-93, l'Office du Travail établissait que, pour un tiers environ du personnel occupé, dans la grande industrie, le salaire moyen de l'ouvrier régulièrement employé (sans distinction de situation, d'âge ou de sexe) ressortait à 3 fr. 75 par jour.

Pour l'ouvrier adulte, il se montait :

Département de la Seine. ....Fr.	6 15
Province	3 90
Moyenne générale	4 20

Pour l'ouvrière adulte :

Département de la Seine.........Fr.	3 »
Province	2 10
Moyenne générale	2 20

Parmi le personnel observé :

9 o o de travailleurs étaient payés au mois ;
57 o/o à la journée ou à l'heure ;
34 o/o aux pièces.

Cette enquête signalait aussi l'influence plutôt favorable de l'importance des établissements sur les salaires des ouvriers qui y sont occupés.

Ces différentes remarques étant faites, notons maintenant, parmi les exposants :

Le *Ministère du Commerce* :

Les *Chemins de fer de l'Etat*, avec un tableau représentant la rémunération du travail des ouvriers de chaque catégorie employés sur le réseau.

Les Comités départementaux du *Cher* et de la *Sarthe*.

La *Ligue française pour le droit des Femmes* expose, à la Classe 110, le tableau suivant qui donne l'état comparatif des salaires payés aux hommes et aux femmes dans chacun des départements français :

DÉPARTEMENTS	SALAIRES MOYENS Hommes	Femmes	DÉPARTEMENTS	SALAIRES MOYENS Hommes	Femmes
Ain	3 85	2 50	Loiret	3 35	2 95
Aisne	4 30	2 50	Lot	2 70	1 25
Allier	3 90	2 05	Lot-et-Garonne	3 15	1 35
Alpes (Basses)	3 45	1 40	Lozère	1 95	1 »
Alpes (Hautes)	3 05	1 50	Maine-et-Loire	3 15	2 70
Alpes-Maritimes	3 25	1 70	Manche	3 75	1 65
Ardèche	3 15	1 70	Marne	4 35	2 65
Ardennes	4 »	2 20	Marne (Haute)	4 10	1 95
Ariège	3 50	1 35	Mayenne	3 05	1 80
Aube	4 80	2 80	Meurthe-et-Moselle	3 70	2 15
Aude	3 05	1 85	Meuse	4 05	1 95
Aveyron	4 20	1 40	Morbihan	2 70	1 45
Bouches-du-Rhône	4 »	2 10	Nièvre	3 25	1 50
Calvados	4 »	2 50	Nord	3 80	2 25
Cantal	2 50	1 50	Oise	4 10	1 90
Charente	3 35	1 75	Orne	3 70	1 80
Charente-Inférieure	3 75	1 75	Pas-de-Calais	4 50	2 »
Cher	3 40	2 30	Puy-de-Dôme	3 55	2 05
Corrèze	3 20	1 95	Pyrénées (Basses)	2 65	1 40
Corse	2 60	1 30	Pyrénées (Hautes)	2 70	1 10
Côte-d'Or	4 05	1 95	Pyrénées-Orientales	3 25	1 90
Côtes-du-Nord	3 »	1 30	Territoire de Belfort	4 15	2 15
Creuse	3 35	1 65	Rhône	4 40	2 75
Dordogne	2 90	1 25	Saône (Haute)	3 50	1 95
Doubs	3 85	2 35	Saône-et-Loire	3 90	1 70
Drôme	3 35	1 75	Sarthe	3 70	1 55
Eure	3 45	2 70	Savoie	3 10	1 45
Eure-et-Loir	3 45	2 50	Savoie (Haute)	3 60	2 10
Finistère	2 65	1 30	Seine	6 20	3 15
Gard	4 55	1 55	Seine-Inférieure	4 30	2 65
Garonne (Haute)	3 50	1 75	Seine-et-Marne	4 70	1 10
Gers	2 70	1 20	Seine-et-Oise	4 85	2 10
Gironde	4 05	2 20	Sèvres (Deux)	3 65	1 60
Hérault	3 75	1 60	Somme	3 45	2 40
Ille-et-Vilaine	3 20	1 40	Tarn	3 60	1 45
Indre	3 25	2 »	Tarn-et-Garonne	2 85	1 90
Indre-et-Loire	4 50	2 60	Var	4 40	1 40
Isère	3 40	2 25	Vaucluse	3 35	1 10
Jura	3 60	2 40	Vendée	3 »	1 40
Landes	4 15	1 05	Vienne	3 35	1 45
Loir-et-Cher	3 30	2 »	Vienne (Haute)	5 35	2 »
Loire	4 10	2 30	Vosges	3 05	2 15
Loire (Haute)	3 75	3 20	Yonne	4 20	2 25
Loire-Inférieure	4 15	1 70			

Le montant total des salaires journaliers, dans l'industrie seulement, se traduit par les chiffres suivants :

Hommes .... Fr.	9.141.674 05
Femmes	2.869.678 95

Donnant comme salaires moyens :

Hommes .... Fr.	4 30
Femmes	2 45

La Ligue française pour le Droit des Femmes ne nous dit pas où ont été puisés les chiffres qui ont servi à la confection de ce tableau ni comment ont été établies ces différentes moyennes. Il est, par conséquent, assez difficile d'en contrôler l'exactitude.

La *Cristallerie de Baccarat* présente ainsi le mouvement des salaires du personnel employé dans son usine :

	Salaire moyen par jour		
	En 1878	En 1889	En 1900
	—	—	—
Ouvriers majeurs au mois	3 25	4 »	4 81
Femmes	1 58	2 25	2 43
Manœuvres	2 20	2 20	2 48
Employés, contremaitres et gardes	5 »	7 »	7 98

Ce tableau ne comprend pas les gamins, apprentis et apprenties.

La Cristallerie de Baccarat y joint la variation du prix des denrées aux mêmes périodes dans la localité :

	Prix				
Denrées	En 1878		En 1889		En 1900
	—		—		—
Pain	0 40	le kil.	0 35		0 28
Bœuf	1 70	—	1 20		1 60
Veau	1 70	—	1 20		1 60
Porc frais	1 60	—	1 40		1 80
Lard salé	2 »	—	2 »		2 »
Beurre	2 50	—	2 30		2 20
Œufs	0 75	—	0 75		0 837
Pommes de terre	8 »	quint.	8 »		6 »
Bois de chauffage	12 50	stère	12 »		12 »

En tenant ces chiffres pour rigoureusement exacts — le loyer n'ayant pas augmenté dans le pays et les vêtements et chaussures étant plutôt en diminution de prix — l'élévation des salaires s'est donc traduite par une amélioration notable des conditions économiques des ouvriers.

La Cristallerie de Baccarat proscrit le travail de nuit et ses ateliers chôment le dimanche en ne conservant que le personnel strictement nécessaire à l'entretien des feux. La durée du travail y est de dix heures, et, innovation méritant d'être signalée, le samedi les ateliers de femmes ferment à quatre heures du soir, après huit heures de travail, de façon à laisser, ce jour-là, plus de loisirs aux ouvrières pour la mise en ordre du ménage et l'entretien des vêtements, et cela sans diminuer le salaire.

Viennent ensuite :

La Société anonyme des *Journaux et Imprimeries de la Gironde* (statistique des salaires).

La Société anonyme de *Vezin-Aulnoye*.

Enfin la maison *Harmel frères*, du Val-des-Bois, expose le système de la rémunération du travail dans son usine. Elle divise le salaire en deux parties principales : le salaire proprement dit et les *adjuvants du salaire*. Par ce dernier terme, elle entend toutes les petites institutions qui fonctionnent dans l'usine ou gravitent autour, dues à l'initiative des patrons et gagées par eux, ou créées et alimentées par les ouvriers.

Les *adjuvants* du salaire comprennent donc les logements à bon marché, les jardins autant que les familles en peuvent cultiver, les secours mutuels, l'assurance contre les accidents, les travaux faciles permettant aux vieux ouvriers de ne pas être à la charge de leurs enfants et la pension pour ceux qui sont dans l'impossibilité absolue de travailler. Il convient d'ajouter à cette énumération la Société coopérative, l'école ménagère et la caisse de famille.

MM. Harmel, qui se réclament de Le Play, disent avec lui que, dans toute société bien organisée, le salaire doit comprendre deux parties essentielles : la première (le salaire proprement dit) proportionnelle aux efforts de l'ouvrier; la seconde (les subventions) proportionnelle aux besoins de la famille. Ensemble, elles constituent le *salaire familial*.

La caisse de famille donne chaque semaine les subventions nécessaires pour ceux qui y ont droit. Elles sont à la charge exclusive des patrons, mais déterminées et appliquées par une Commission ouvrière. Leur payement se fait en nature au choix des bénéficiaires.

Un exemple fera mieux comprendre le fonctionnement de cette institution. Etant donné les facilités d'existence dont jouissent les travailleurs du Val-des-Bois (cela, bien entendu, d'après l'affirmation de MM. Harmel), il a été établi que 4 fr. 20 par tête et par semaine sont suffisants pour alimenter le budget de la famille. La famille X... se compose de quatre enfants, du père, de la mère et de deux vieux parents; ensemble, huit personnes à 4 fr. 20 = 33 fr. 60. Le père, seul à travailler, gagne 5 francs par jour, soit 30 francs par semaine. Son budget se trouve donc hebdomadairement en déficit de 3 fr. 60. La Caisse de famille intervient alors et rétablit l'équilibre en lui versant chaque dimanche, en nature et à son choix, le complément nécessaire.

Ainsi, se trouve résolue, la charité aidant, la question du salaire familial. Dire que la dignité de l'ouvrier y trouve également son compte, serait aller un peu loin. C'est, avant tout, une affaire de tempérament.

Voici les dépenses de la Caisse de famille pendant les dix dernières années :

1890........ Fr.	1.870 75	*Report*..	10.562 75
1891............	1.074 50	1896.............	2.280 51
1892............	2.442 15	1897.............	2.571 10
1893............	1.939 35	1898.............	1.595 90
1894............	1.941 70	1899.............	1.821 45
1895............	1.294 30	TOTAL...	18.83 171
		MOYENNE...	1.883 57
A reporter..	10.562 75		

La moyenne des salaires payés annuellement étant de 680,000 francs, la Caisse de famille a donc nécessité une dépense de 0 fr. 277 par cent francs de salaires. Le fonctionnement régulier de cette institution prouve, mieux que tous les arguments possibles, l'insuffisance des salaires payés dans cette usine où le patron, très chrétien, se fait appeler le « Bon Père » tout en tenant dans une étroite dépendance les ouvriers employés chez lui. Comment, malgré le bon marché extraordinaire de la vie dans la région, malgré que les familles aient à leur disposition autant de jardin qu'elles en peuvent cultiver, malgré que des travaux faciles soient réservés aux vieillards afin de leur éviter de grever le budget de leurs enfants, et bien qu'une pension soit versée à ceux qui sont dans l'impossibilité de travailler, malgré toutes ces heureuses circonstances, il est encore des travailleurs qui, chez MM. Harmel, ne peuvent arriver à joindre les deux bouts? C'est à n'y pas croire! Et nous n'y croirions pas non plus si la Caisse de famille ne venait nous l'affirmer triomphalement.

Décidement, que les patrons soient catholiques ou non, les ouvriers sont généralement, chez eux, logés à la même enseigne. Les premiers se différencient seulement des seconds par la forme onctueuse et benoite qu'ils savent donner à l'exploitation de la main-d'œuvre : ils en sont récompensés, sur terre, par de beaux bénéfices et ils le seront un jour, au ciel, par une place réservée au parterre des élus.

LA PARTICIPATION AUX BÉNÉFICES

Définie par M. Charles Robert, qui fut un de ses apôtres les plus zélés, « une convention légitime propre à améliorer, à perfectionner le contrat de travail », ou encore « une libre convention, expresse ou tacite, par laquelle un patron donne à son ouvrier, en sus du salaire normal, une part dans les bénéfices sans participation aux pertes », la participation aux bénéfices nous paraît souligner davantage l'insuffisance des salaires ordinairement payés aux ouvriers dans la généralité des industries, et cela avec d'autant plus de force que, même dans les établissements où le salaire est appliqué avec cet adjuvant, des conflits pour la rémunération du travail se sont produits. Quand, au dernier Congrès international de la participation aux bénéfices, vint en discussion le paragraphe de l'ordre du jour visant *la participation et les grèves*, cette vérité fut inévitablement mise en lumière par le simple examen des faits. M. Delombre ayant demandé s'il y avait des exemples de grèves dans les maisons à participation, M. Buisson ne put répondre que par l'affirmative. Malgré cette déclaration, le Congrès n'en émit pas moins le vœu suivant :

Le Congrès estime que, entre autres avantages, la participation aux bénéfices possède celui d'aider à conjurer les grèves et d'assurer la paix et l'harmonie entre le capital et le travail.

Si nous sommes loin de partager les illusions des tenants de la participation, et surtout celle de M. Lyon-Caen, qui se demande si elle ne constituerait pas *un contrat de passage du salariat à un autre état de choses et ne serait pas un pas vers la suppression du salaire*: par contre, nous ne voyons aucun inconvénient à souscrire à la résolution ci-dessous qui fut adoptée :

La convention librement consentie par laquelle l'ouvrier ou l'employé reçoit une part déterminée d'avance des bénéfices est recommandée par l'équité et n'est pas contraire aux principes essentiels du droit positif.

D'une part, si cette dogmatique déclaration n'était pas appelée à favoriser considérablement l'amélioration des conditions économiques des salariés, d'autre part, nous serions fort surpris de lui voir exercer sur elles une influence pernicieuse !...

Le Congrès a été aussi d'avis que l'État devait rester étranger aux conventions expresses ou tacites qui réglementent la participation des ouvriers et employés...

Bien que l'on s'accorde ordinairement à voir dans Leclaire l'initiateur de la participation aux bénéfices, ayant installé ce régime dans son entreprise de peinture en 1842, la vérité, cependant, nous fait un devoir d'en reporter l'honneur sur la maison Paturle-Lupin (filature et tissage), du Cateau, qui, en 1839, introduisait dans ses statuts une clause décidant une participation de 25 o/o en faveur d'un certain nombre d'employés et de contremaitres.

Après Leclaire, ce fut M. Laroche-Joubert, papetier à Angoulême, qui suivit cet exemple en 1843; puis vinrent la Compagnie d'Orléans (1844), la fonderie de caractère Deberny (1848), la Compagnie d'assurances générales (1850), les Compagnies d'assurances le Phénix (1853), l'Union (1854), la Nationale (1855), la France (1858), la Société du Canal de Suez (1865), l'Imprimerie Chaix (1871), l'Imprimerie Mame (1874), la Librairie Masson (1874), la Fondation J.-B. Godin (1877), etc.

La Participation dans l'Industrie et le Commerce

On compte actuellement environ 120 établissements, en France, qui pratiquent la participation, auxquels il convient d'ajouter 127 coopératives de consommation connues comme l'appliquant à leurs employés.

Pour la répartition des bénéfices, les méthodes employées sont des plus variées. Certains chefs d'entreprises les distribuent en tenant compte de l'ancienneté ou proportionnellement au salaire; d'autres, d'après leur propre appréciation ou l'importance des fonctions et le mérite des participants, etc. Enfin, suivant les maisons, les sommes allouées sont payées comptant, soit en totalité, soit en partie; dans ce dernier cas, la portion réservée reçoit l'affectation prévue par les statuts : versements sur livrets individuels, constitution d'un patrimoine ou de pensions viagères, caisses de retraites, acquisition de parts de l'entreprise (facultative : Bon Marché, Laroche-Joubert; obligatoire : familistère de Guise), etc.

Voici quelques chiffres relevés sur les tableaux exposés, concernant la répartition et l'affectation des sommes allouées :

Maison Leclaire :

18 75 o/o aux associés-gérants;
31 25 o/o à la Société de prévoyance et de la mutualité;
50 » o/o aux ouvriers, au prorata des salaires.

Papeteries Laroche-Joubert :

25 o/o au capital;
25 o/o aux gérants et Conseil de gérance;
50 o/o aux coopérateurs.

Les coopérateurs possèdent dans le capital social :

Membres actifs ....Fr.	633.000	»
— retirés	987.000	»
Le gérant.......	1.000.000	»
	2.640.000	»

Nombre de déposants....	886
Ouvriers employés.......	1.084

Montant des salaires, en 1898 .... 791.153 francs

Maison Lefranc, couleurs et vernis :

De 1881 à 1898, il a été prélevé sur les bénéfices les sommes suivantes :

Usines ....Fr.	168.232 30
Maison de commerce........................	44.886 52
	213.118 82

représentant 10 32 o/o du salaire des ouvriers participants.

Nombre actuel des participants :

Usine................	135	représentant	64 o/o	du personnel total.
Maison de commerce.	55	—	91 o/o	—

Maison Bréguet :

Aux ouvriers (600) depuis 1891............Fr.	129.590 »
Aux employés (100) depuis 1899	148.592 »

Delalonde, entrepreneur de travaux publics, à Paris :

Affectation, moitié en espèces, moitié à la Caisse des retraites pour la vieillesse.

Proportion avec les salaires :

	MINIMA		MAXIMA
1896...............	4,60 o/o	1889...............	10.20 o/o

Imprimerie Chaix :

Prélèvement de 15 o/o sur les bénéfices. Ils sont versés intégralement chaque année à la Caisse nationale des retraites pour la vieillesse à l'effet de constituer à chaque participant une rente viagère à l'âge de 55 ans. Ces versements sont faits à *capital réservé*, permettant ainsi leur transmission aux héritiers du participant. Les sommes réparties de 1871 à 1899 s'élèvent à 1,519,303 francs. Une participation aux bénéfices spéciale est réservée aux apprentis compositeurs.

La *Fonderie Deberny* a versé à la Caisse de l'atelier, en dix années, de 1890 à 1899, une somme de 171,581 francs, représentant 5,59 o/o des salaires.

Thuillier, entrepreneur de plomberie : Cette maison prélève 10 o/o sur ses bénéfices pour la participation au personnel. Le montant des sommes allouées jusqu'à ce jour s'élève à 99,011 fr. 60 et correspond à une surélévation des salaires de 12 o/o. Moitié est payée comptant aux bénéficiaires et moitié versée à la Caisse des retraites pour la vieillesse.

L'*Usine à gaz de Beaumont-Persan :* base la participation sur les services rendus par ses agents. Les propositions sont faites par le régisseur qui dispose d'une marge de 1 à 10 o/o des salaires de chacun, un comité consultatif les étudie et, finalement, elles sont ordonnancées par le patron.

Tassar-Balas-Barbas, constructions hydrauliques : La participation est assurée par un prélèvement de 5 o/o sur les bénéfices nets, donnant une moyenne de 10,65 o/o des salaires.

Le *Canal de Suez*, avec une participation de 2 o/o, a versé, depuis sa fondation, une somme de 15 millions.

Signalons encore :

L'*Imprimerie Buttner-Thierry* emploie les sommes allouées à la formation d'un capital individuel par placements à intérêts composés dans la Caisse d'une Compagnie d'assurances.

La *Librairie Masson* (partie comptant, partie réservée), donne 3 o/oo sur la vente à son personnel et 5 o/oo quand le chiffre des affaires de l'année dépasse le million. Le total, depuis 1871, s'élève à 172,097 fr. 06.

Le *Bon Marché*, la maison *Piat* et plusieurs Compagnies d'assurances pratiquent également la participation aux bénéfices.

L'*Imprimerie Gounouilhou*, de Bordeaux, consacre 15 o/o de ses bénéfices à la participation, dont un tiers est payé immédiatement aux intéressés. Les deux autres tiers sont versés à la Caisse des retraites. Depuis 1889, les deux tiers versés à cette Caisse représentent une somme de 206,704 francs.

Terminons ces citations par la fondation *J.-B. Godin* (Société du *Familistère de Guise*, association du capital et du travail possédant aujourd'hui un capital de 5 millions de francs. Fondée en 1840, elle comprend une usine à Guise avec 1,350 ouvriers et une autre à Schaerbeck (Belgique) avec 300 ouvriers. Nous regrettons que le manque de place nous oblige à ne parler que succinctement de cette institution curieuse à plus d'un point de vue et méritant une analyse complète... Les bénéfices y sont répartis intégralement entre tous les travailleurs et ces derniers sont assurés du nécessaire à leur subsistance. Des habitations ouvrières, un service de retraites et de maladies, des écoles nourricières, une alimentation avec répartition, une bibliothèque, un théâtre, etc., constituent un ensemble de rouages dont le fonctionnement est des plus intéressants à étudier.

Voici quelques chiffres annuels :

Affaires dans les magasins d'alimentation . Fr.	1.106.155
Salaires payés	2.607.571
Répartition aux ouvriers	599.667
Retraites	105.151
Maladies	63.992

La Participation dans l'Agriculture

Moins que l'industrie et le commerce, l'agriculture semble convenir à la participation aux bénéfices. Elle n'y existe qu'à l'état d'exception. M. Goffinon l'a pourtant établie avec succès dans son *Domaine des Grésy*, à Lalande (Gironde). Il en expose les résultats à l'Économie sociale. La répartition de la somme attribuée est faite entre les participants suivant les services rendus, indiqués par un rapport journalier que le régisseur envoie au propriétaire. Le montant en est converti en titres de rente 3 o/o qui sont remis chaque année aux ayants droit dans le courant du premier trimestre. Grâce à cette organisation du travail, tout, parait-il, se fait économiquement, bien et en temps voulu. De 1893 à 1897, le total des sommes réparties s'est élevé à 2,325 fr. 25, représentant une augmentation de 11.30 o/o des salaires. Ceci pour la petite culture.

MM. Bignon père et fils ont essayé, pour la grande culture, de l'association du capital et du travail. C'est à Théneuille (Allier) qu'ils ont tenté l'expérience en établissant une convention de participation réglant les intérêts et rapports entre propriétaires et cultivateurs. En voici un extrait :

Art. 1er. — Le propriétaire fournit la terre et le cheptel qui garnit le domaine à l'entrée du cultivateur (dit *cheptel de fer*). Il lui fournit aussi la maison d'habitation et les bâtiments d'exploitation nécessaires, le tout en bon état et qu'il entretient à ses frais.

Art. 2. — Le cultivateur fournit ses instruments et le travail nécessaire à la culture.

Art. 3. — Tous les produits, sans exception, sont partagés par moitié.

Art. 4. — Les bénéfices, comme les pertes sur les animaux, sont aussi partagés par moitié.

Art. 5. — Etc. (Détails d'organisation.

Le tableau exposé résume ainsi l'état de la production :

Bétail entretenu sur la propriété dont la moitié appartient aux colons sauf le cheptel de fer et la réserve de 14 hectares) :

	AU DÉBUT	ACTUELLEMENT
Têtes de bétail...	123	1.132
Valeur...... .... Fr.	11.401	132.025
Fourrages... .... Kilog.	12.800	2.102.300
Valeur..................... Fr.	5.080	71.031
Céréales.. .... Hectol.	618	3.072
Valeur..................... Fr.	5.880	35.592

Tous les *produits*, ainsi que le *bétail*, appartiennent par *moitié* aux cultivateurs associés.

Chaque année, les produits des récoltes et des ventes d'animaux ont été partagés régulièrement, sauf sur la réserve d'expérience cultivée directement par le propriétaire (14 hectares).

Des photographies d'intérieurs de paysans, avant et depuis l'installation de la participation, montrent les résultats déjà obtenus. Les étables ont aussi bénéficié de cette innovation; la propreté la plus méticuleuse y a remplacé la saleté première. Il n'est pas jusqu'aux photographies d'animaux qui, par l'aspect vigoureux des spécimens présentés, ne semblent vouloir nous convertir à la participation aux bénéfices.

L'APPRENTISSAGE

De même que la rémunération du travail, l'apprentissage et la protection de l'enfance ouvrière ouvraient une large voie aux Syndicats ouvriers à l'exposition de l'Economie sociale. Chacun d'eux était à même d'y indiquer les conditions dans lesquelles l'enseignement professionnel s'effectue dans la corporation, la réglementation à laquelle il est soumis et surtout la façon dont sont appliquées les lois qui le régissent.

Là aussi, de l'examen et de la comparaison des documents exposés, se serait dégagé plus d'un enseignement profitable : des abus —, toujours criards, souvent honteux — auraient été étalés au grand jour et la nonchalance avec laquelle les lois ouvrières sont exécutées aurait, une fois de plus, été mise en relief.

Le mal ainsi placé à découvert, l'occasion se serait offerte, superbe, de montrer le remède qu'il convenait d'y apporter... Aucun d'eux n'a songé à le faire, pas même la Fédération du Livre qui aurait pu, avec avantage, placer sous les yeux du public la convention réglementant l'apprentissage dans notre industrie, conclue récemment entre la Fédération patronale et la Fédération ouvrière, sous réserve de la ratification du Congrès ouvrier.

Ce serait élargir encore le cadre de notre rapport — déjà si vaste, démesuré même — que d'analyser ici la législation spéciale à l'apprentissage · les lois du 22 janvier 1851 et du 2 novembre 1892 modifiées cette année. Et pourtant combien de travailleurs les ignorent totalement ! Combien seraient en peine d'énumérer au pied levé quelques-unes des dispositions protectrices qu'elles contiennent ! Les prescriptions légales du contrat d'apprentissage ont cependant une réelle importance, et les devoirs et les droits des patrons et des apprentis se recommandent tout autant à l'attention de ceux que leur condition sociale attache à l'atelier. Cette question est pour eux du plus haut intérêt, tant par son résultat immédiat : l'exploitation effrénée de l'enfance avec sa répercussion désastreuse sur les prix de main-d'œuvre que par son résultat futur : la formation d'ouvriers imparfaits et par là même peu aptes à maintenir les salaires à leur niveau normal. Il serait temps que les organisations ouvrières prissent résolument en mains la cause des apprentis et veillassent sévèrement à ce que les lois reçoivent leur plein effet...

En l'absence de documents ouvriers, nous devons nous borner à noter les quelques patrons qui figurent dans la classe qui nous occupe en ce moment.

Citons d'abord l'*Imprimerie Chaix*, qui indique le fonctionnement de son école professionnelle, les mesures d'hygiène prises en vue de fortifier la santé des apprentis et les institutions de prévoyance spécialement créées en leur faveur.

Fondée en 1863, l'École a pour but de former des ouvriers et des employés pour les différents services de l'établissement. Plus de cent apprentis y reçoivent un enseignement technique complet en même temps qu'un enseignement scolaire destiné à développer l'instruction qu'ils ont acquise à l'école primaire. Afin de les encourager au travail, la maison leur alloue des gratifications progressives qui varient de 0 fr. 75 à 3 fr. 50 par jour pour les élèves des machines et des services divers, et de 0 fr. 50 à 2 francs pour les élèves compositeurs. Des jetons d'une valeur de 0 fr. 10 sont également accordés à tout enfant qui, dans les cours, s'est montré particulièrement attentif.

Depuis 1869, les apprentis compositeurs sont admis à la participation aux bénéfices, et, au 31 décembre 1899, le montant des sommes distribuées s'élevait à 35,174 francs. A dater de la même époque, la maison verse annuellement à la Caisse des retraites pour la vieillesse, au nom de chaque apprenti ou ancien apprenti, une somme de 15 francs pour la constitution d'une rente viagère à 55 ans: de ce chef, 73,170 francs ont déjà été versés.

La *Cristallerie de Baccarat* emploie environ 200 apprentis ouvriers âgés de 12 à 16 ans, admis après examen. Ils reçoivent, quel que soit leur âge, 20 francs par mois dès le premier mois; 22 francs le septième mois; 24 francs le huitième; les augmentations sont ensuite réglées suivant les progrès et les efforts de chacun. Moyennant une retenue de 5 francs par mois, la Compagnie leur fait servir chaque jour, à onze heures, un repas composé de bouillon gras, viande de bœuf, légumes et vin. Ce repas, qui est facultatif, est destiné à assurer aux enfants une alimentation fortifiante en rapport avec les travaux assez fatigants exécutés par eux. Son prix de revient est de 40 centimes, soit le double de la rétribution demandée. Malgré ces conditions alléchantes, le recrutement des apprentis par les enfants de Baccarat est, depuis longtemps, insuffisant. La Compagnie a dû créer une institution recevant les enfants de l'extérieur et les orphelins de la ville qui désirent apprendre le métier de verrier. Ils y sont logés, nourris et entretenus de toutes choses nécessaires à la vie: de plus, on y veille strictement à l'accomplissement des devoirs religieux. Tout enfant admis à l'institution reçoit en débutant un salaire qui, déduction faite du prix de la pension, lui laisse un excédent minimum de 14 francs par mois, excédent qui augmente avec l'ancienneté de l'apprenti. Ce prix de pension est loin de couvrir les frais de l'institution; dans ces dernières années elle a coûté, en moyenne, 18,000 francs à la Compagnie. Pour faciliter l'apprentissage aux enfants des villages voisins, des services de voitures ont été organisés qui les amènent le matin et les reconduisent le soir.

L'apprentissage des tailleurs sur cristaux, graveurs, ciseleurs, mécaniciens, etc., ne commence guère qu'à quinze ans; les candidats, pour la plupart, travaillent déjà dans l'usine depuis deux ou trois ans en qualité de *gamins*.

Les apprentis admis sont affectés à des compagnies (1) de taille où on les paie suivant des règles établies. Les ouvriers qui composent ces compagnies ont intérêt à mettre l'apprenti vite en mesure de produire utilement, car son inaptitude prolongée deviendrait rapidement une charge onéreuse pour eux. L'apprenti tailleur reçoit 8 francs le premier mois, 15 francs les cinq mois suivants, pour être ensuite augmenté de 2 francs tous les deux mois jusqu'à concurrence de 34 francs. Il ne devient définitivement compagnon qu'après un stage de trente mois.

Les jeunes filles débutent avec un salaire de 16 francs: trois mois après elles en reçoivent 20 et commencent à participer à la gratification de la compagnie au bout de six mois.

La *Chambre syndicale du Papier et des Industries qui le transforment* présente son livret de contrat d'apprentissage qui contient. en plus du contrat, un exposé des motifs, et les lois, règlements et usages concernant l'apprentissage.

Cette association a créé des cours théoriques et pratiques à l'Hôtel des Chambres syndicales, 10, rue de Lancry. Ils sont organisés en deux divisions : la première comprend les apprentis et jeunes employés des deux sexes de 3e et 4e années ; la deuxième ceux de 1re et 2e années. Pour suivre ces cours, il faut être Français et âgé de douze ans au moins. Ils sont professés le dimanche matin et quatre fois par semaine, de 8 h. à 10 heures du soir, et portent sur l'histoire professionnelle, la géographie industrielle, la langue française, l'économie sociale (conditions du travail, association, salariat, participation aux bénéfices, l'ouvrier anciennement et aujourd'hui), les notions industrielles, l'arithmétique, le dessin industriel, la fabrication des registres, le façonnage, la fabrication des cartonnages, etc. Des concours, portant sur la théorie et la pratique, ont lieu à la fin de chaque année scolaire entre les apprentis des différentes catégories de l'industrie du papier. Un jury, composé de six patrons et de six ouvriers y décerne, aux plus méritants, des récompenses consistant principalement en livrets de caisse d'épargne ou de retraites, en livres, médailles ou boites d'outils professionnels.

La maison *Christofle*, de Paris, signale les résultats moraux et matériels donnés par l'internat d'apprentis annexé à son usine depuis 1873. Les apprentis, au nombre de 24, sont logés et nourris par la maison. La durée de l'apprentissage est de cinq années pendant lesquelles l'élève passe par toutes les spécialités que comprend l'orfèvrerie, de façon à former, au bout de ce laps de temps, un ouvrier complet et possédant bien son métier.

Dans la maison *Redouly, Valmé et Ce* (ancienne maison Leclaire), il n'est fait aucun contrat d'apprentissage. Le droit reste entier de ren-

(1) Forme d'organisation du travail à Baccarat dont nous parlons d'autre part.

voyer l'enfant s'il ne fait pas son devoir, comme celui-ci peut se retirer quand bon lui semble. Les apprentis sont rémunérés dès leur entrée et augmentés chaque année suivant les progrès qu'ils ont faits. Il est formellement interdit de les occuper à faire des courses. Les chefs d'ateliers doivent apporter tous leurs soins pour leur apprendre le métier et les encourager au travail en variant leurs occupations et en les mettant à même d'acquérir les connaissances qui leur font défaut. A la fin de chaque année, un concours est ouvert entre tous les apprentis en les divisant suivant leurs années d'apprentissage, et un jury, composé d'un directeur, de trois employés, de trois chefs d'ateliers et de quatre ouvriers, décerne aux concurrents des prix variant de 25 à 200 francs sous forme de livrets de la Caisse nationale des retraites pour la vieillesse. D'après ce concours et de l'avis des chefs d'ateliers, les directeurs jugent les progrès de chaque apprenti et basent leur augmentation annuelle sur les notes obtenues. Les apprentis ne sont reconnus ouvriers qu'après avoir rempli d'une manière satisfaisante toutes les parties du programme du concours. Depuis vingt ans, la maison a eu 132 apprentis, dont 80 ont été primés aux concours annuels. Le capital versé à la Caisse nationale des retraites au nom des différents lauréats se monte à la somme de 27,200 francs représentant un total de rentes de 10,354 francs. En plus de ces prix, il est versé tous les ans à ladite Caisse 10 francs sur la tête de chaque apprenti, lauréat ou non.

Chez *MM. Harmel frères*, c'est aussi le concours qui prédomine pour stimuler le zèle des jeunes apprentis. Placés de préférence avec des ouvriers actifs et intelligents leurs progrès sont suivis attentivement, et pour tenir constamment en haleine leur goût à apprendre, on procède comme dans la maison Christophle, en les faisant changer de métier au fur et à mesure que leur instruction professionnelle se développe, afin de leur donner une bonne formation générale, Chaque année, un concours est organisé entre tous les enfants d'une même salle et, pour donner aux concurrents le temps de développer tous leurs moyens, la durée en est fixée à un mois. Deux fois par semaine des notes sont prises sur chacun et les apprentis classés premiers sont désignés pour passer les premiers à la classe supérieure, dès qu'il se produit une vacance. Ils reçoivent, en outre, une prime en argent qui leur est remise solennellement le jour de la clôture du concours.

Méritent aussi une mention spéciale : la maison *Tassart, Balas, Barbas et Cie* (entreprise de plomberie), qui exige que les parents ou ayants droit des apprentis viennent tous les trois mois s'informer auprès des patrons s'ils sont satisfaits du progrès des enfants qui leur ont été confiés; les *Chemins de fer de l'État;* la *Compagnie des Chemins de fer de l'Est*, et la Maison *Provost-Blondel.*

Nommons encore :

L'*Ecole Gutenberg*, avec quelques travaux exécutés par les élèves.

Puis, avec des notices explicatives, l'*Ecole La Martinière*, de Lyon ; l'*Ecole professionnelle de l'Est*, de Nancy; l'*Ecole Bischoffsheim*, et la *Société Bouchacourt et Cie*.

Enfin, toutes les institutions confessionnelles, depuis l'*Institut des Frères de la Doctrine chrétienne*, jusqu'à l'*Orphelinat de l'Eglise réformée*, de Paris, en passant par la *Maison israélite de refuge pour l'enfance*, l'*Œuvre de Saint-Nicolas* et l'*Ecole professionnelle protestante de l'Etoile*. Nous aurons l'occasion d'y revenir quand nous parlerons des œuvres religieuses qui exposent à la classe 108.

LA PROTECTION DE L'ENFANCE OUVRIÈRE

Bien avant que la loi ne commençât à réglementer l'apprentissage. l'initiative privée s'était attachée à amoindrir les maux causés par l'exploitation de l'enfance et de nombreuses Sociétés fonctionnaient en France avec, pour but, la protection de l'enfance ouvrière, telle que la Société d'apprentissage des jeunes orphelins, fondée en 1882 ; l'Association des jeunes économes, en 1823, etc. Presque toutes ces institutions, dont la plupart revêtent un caractère confessionnel, se rencontrent au Palais des Congrès.

M. Léon Caubert, secrétaire général de la Société de protection des apprentis et enfants employés dans les manufactures, expose un diagramme donnant l'état des patronages existant en 1896, classés d'après la date de leur fondation. Les chiffres sont extraits du dénombrement des Œuvres et Patronages du XIXe siècle, dont la date de fondation a été indiquée dans l'enquête sur la « France charitable et prévoyante » faite par l'*Office central des œuvres de bienfaisance* :

1801	70	1851	416
1806	78	1856	568
1811	85	1861	691
1816	96	1866	767
1821	122	1871	852
1826	147	1876	910
1831	169	1881	1.023
1836	220	1886	1.088
1841	281	1891	1.177
1846	347	1896	1.285

Sur ces œuvres encore existantes, soixante-dix sont antérieures au XIXe siècle, dont trois ont été fondées avant le XIVe siècle : l'orphelinat de Saint-Malo, fondé en 1601 ; l'orphelinat de Pontorson, en 1115, et l'orphelinat de Billom, en 1240.

M. Théodore Tissier, auditeur au Conseil d'Etat, présente, au nom de la classe 101, un tableau synoptique du *Mouvement de la législation protectrice de l'Enfance ouvrière pendant le* XIXe *siècle*. Nous croyons intéressant de le reproduire ici, convaincu qu'il évitera bien des recherches à ceux de nos camarades que cette importante question préoccupe. Ils pourront le compléter en y ajoutant les dispositions nouvelles contenues dans la loi du 30 mars 1900 :

TABLEAU SYNOPTIQUE

du Mouvement de la Législation protectrice de l'Enfance ouvrière pendant le XIXe siècle

Divisions de la législation protectrice de l'enfance ouvrière		Régime antérieur à la loi du 22 mars 1841	Loi du 22 mars 1841	Loi du 19 mai 1874	Loi du 2 novembre 1892
I. — Établissements où s'exerce la protection de l'enfance ouvrière		NÉANT	a) Manufactures, usines et ateliers à moteur mécanique ou à feu continu ; b) Fabriques occupant plus de 20 ouvriers réunis en atelier	Tous établissements industriels.	Tous établissements industriels, sans distinction entre les établissements publics ou privés, laïques ou religieux, et y compris les établissements d'enseignement professionnel et de bienfaisance.
II. — Mesures générales de protection applicables à toutes les industries	*Minimum d'âge d'admission*		8 ans.	12 ans, sauf dérogations, à partir de 10 ans, pour les industries déterminées par règlement d'administration publique.	13 ans, sauf exception, à partir de 12 ans, pour les enfants pourvus du certificat d'études primaires prévu par la loi du 28 mars 1882
	Maximum de la durée du travail		8 heures par jour (de 8 à 12 ans). 12 heures par jour (de 12 à 16 ans). } Divisées par des repos.	6 heures par jour (de 10 à 12 ans). 12 heures par jour (à partir de 12 ans). } Divisées par des repos.	10 heures par jour (1) (de 12 ou 13 ans jusqu'à 16 ans). 60 heures par semaine et 11 heures par jour (de 16 à 18 ans). 11 heures par jour (de 18 à 21 ans pour les filles). } Divisées par des repos d'une durée totale de 1 heure au moins et sous réserve de dérogations relatives à certaines industries. (1) La loi du 30 mars 1900 a fixé uniformément le maximum de la journée de 11 h., avec abaissement progressif à 10 h. 1/2 et 10 h.
	Restrictions relatives au travail de nuit (9 h. du soir à 5 h. du matin)		a) Interdiction absolue du travail de nuit jusqu'à 13 ans ; b) À partir de 13 ans, interdiction tempérée par certaines exceptions.	a) Interdiction pour les garçons jusqu'à 16 ans, sauf certaines dérogations à partir de 12 ans ; b) Interdiction pour les filles jusqu'à 21 ans.	a) Interdiction pour les garçons jusqu'à 18 ans ; b) Interdiction pour les filles jusqu'à 21 ans. } Sous réserve de certaines dérogations.
	Repos hebdomadaire		Interdiction du travail les dimanches et jours fériés (jusqu'à 16 ans).	a) Interdiction du travail les dimanches et jours fériés, sauf certaines dérogations, pour les garçons, jusqu'à 16 ans. b) Même interdiction pour les filles jusqu'à 21 ans.	a) Interdiction du travail un jour par semaine et les jours fériés pour les garçons jusqu'à 18 ans ; b) Même interdiction pour les filles jusqu'à 21 ans. } Sous réserve de certaines dérogations.
	Police des établissements industriels (hygiène, sécurité, moralité)		Renvoi à un règlement d'administration publique : a) Pour empêcher tout mauvais traitement et tout châtiment abusif ; b) Pour assurer les conditions nécessaires de salubrité et de sûreté ; c) Pour pourvoir au maintien de la décence et des bonnes mœurs	Obligation : 1° de tenir en état constant de propreté et de ventiler les ateliers ; 2° de pourvoir à toutes les conditions nécessaires de sécurité et de salubrité ; 3° de veiller au maintien de la décence et des bonnes mœurs.	a) Nécessité d'un certificat d'aptitude physique pour les enfants de moins de 13 ans ; b) De 13 à 16 ans, contrôle médical des enfants admis et exclusion de ceux qui sont trop faibles ; c) Obligation : 1° de tenir les établissements industriels en état constant de propreté, de les éclairer convenablement et de les ventiler ; 2° de pourvoir à toutes les conditions nécessaires de sécurité et de salubrité ; 3° de veiller au maintien de la décence et des bonnes mœurs.
	Enseignement		a) Obligation de fréquenter l'école primaire jusqu'à 12 ans ; b) Au-dessus de 12 ans, dispense de l'obligation de scolarité moyennant un certificat spécial d'études.	a) Obligation de fréquenter l'école primaire jusqu'à 12 ans ; b) De 12 à 15 ans, limitation de la journée de travail à 6 heures, à moins de production d'un certificat spécial d'études.	Application de la loi du 28 mars 1882 sur l'enseignement primaire obligatoire
	Religion		Renvoi à un règlement d'administration publique pour assurer l'enseignement religieux	Obligation d'assurer : 1° l'enseignement religieux ; 2° le temps et la liberté nécessaires pour accomplir les devoirs religieux.	Néant
III. — Mesures spéciales de protection applicables à certaines industries.	*1° Travaux souterrains (mines, minières et carrières)*		Néant.	a) Pour les garçons, réglementation de 12 à 16 ans ; b) Interdiction pour les filles jusqu'à 21 ans.	a) Réglementation pour les garçons de 13 à 18 ans ; b) Interdiction pour les filles jusqu'à 21 ans.
	2° Travaux excessifs, dangereux ou malsains		Faculté laissée au Gouvernement d'interdire par règlement d'administration publique : a) L'emploi des enfants de moins de 16 ans dans certains établissements. b) Certains travaux dans les établissements où les enfants sont admis.	Interdiction, directe ou par règlement d'administration publique, absolue ou relative : a) De l'emploi des enfants dans certains établissements industriels ; b) De certains travaux dans les établissements où les enfants sont admis.	Interdiction, directe ou par règlement d'administration publique, absolue ou relative : a) De l'emploi des enfants dans certains établissements industriels ; b) De certains travaux dans les établissements où les enfants sont admis.
IV. — Dispositions destinées à garantir l'exécution des mesures protectrices de l'enfance ouvrière			a) Affichage, dans les établissements industriels, de la loi et des règlements d'administration publique rendus pour son exécution ; b) Livret individuel et registre matricule ; c) Inspection ne comportant pas la création d'un corps spécial d'inspecteurs ; d) Pénalités : amendes de simple police et, en cas de récidive, amendes correctionnelles.	a) Affichage de la loi et des règlements d'administration publique ; b) Livret individuel et registre matricule ; c) Inspection confiée à { 1° Un corps spécial d'inspecteurs ; 2° Des commissions locales ; 3° Une commission supérieure ; d) Pénalités { 1° Amendes correctionnelles ; 2° En cas de récidive, affichage des condamnations et insertion dans les journaux.	a) Affichage : 1° de la loi et des règlements d'administration publique ; 2° des heures de commencement et de fin du travail ; 3° des heures et de la durée des repos journaliers ; 4° du jour adopté pour le repos hebdomadaire ; b) Livret individuel et registre matricule ; c) Inspection confiée à { 1° Un corps spécial d'inspecteurs ; 2° Aux ingénieurs et contrôleurs des mines pour les mines, minières et carrières ; 3° Une commission supérieure ; d) Commissions consultatives locales ; e) Comités de patronage ; f) Pénalités { 1° Amendes de simple police et, en cas de récidive, amendes correctionnelles ; 2° En cas de récidive, affichage des condamnations et insertion dans les journaux.

Plusieurs, Sociétés qui ont pour but la protection de l'enfance ouvrière, sont venues au Palais des Congrès exposer, aux yeux des visiteurs, leur mode de fonctionnement et les résultats par elles obtenus.

Nommons, en première ligne, la *Société d'apprentissage des jeunes Orphelins* fondée en 1822, par le baron de Gérando et qui est la plus ancienne des institutions de cette nature. La première, elle a appliqué le principe de l'apprentissage en famille dont les résultats sont si remarquables que d'autres Sociétés de patronage et la Ville de Paris elle-même ont suivi son exemple. Elle adopte sans distinction de nationalité ni de culte, les orphelins qui se trouvent dans les conditions visées par ses statuts, moyennant un droit d'entrée de 75 francs. L'enfant adopté est placé chez un maître d'apprentissage, choisi avec soin, qui lui apprend un métier, le loge et le nourrit chez lui.

La Société encourage ses pupilles par des récompenses. Les prix en argent sont versés à la Caisse d'épargne à l'actif du lauréat, mais celui-ci n'en peut toucher le montant qu'à sa majorité. Elle encourage, en outre, les versements faits à la Caisse d'épargne par les apprentis eux-mêmes en bonifiant de 10 o/o chaque somme versée par eux. En un mot, la Société supplée, dans la mesure du possible, à la famille naturelle absente et pourvoit à l'entretien de tous ses pupilles dont le nombre annuel varie entre 50 et 60.

Se classent à côté d'elle la *Société de Protection des Apprentis*, fondée en 1866 par J.-B. Dumas, et la *Société d'Encouragement de la Bijouterie*.

Puis la *Société de Patronage de Chaumont*, fondée en 1850 et reconnue d'utilité publique en 1860. Elle a eu, jusqu'à ce jour, plus de mille enfants des deux sexes, orphelins ou nécessiteux, placés comme apprentis. Les métiers enseignés sont, pour les garçons : la menuiserie, la serrurerie, la charpente, la sculpture, la peinture, etc.; les filles apprennent les états de lingère, couturière, giletière, chemisière, gantière, etc. La Société a aussi organisé la protection des enfants contre l'abandon et le vagabondage.

Le *Comité de patronage des apprentis de la ville de Bordeaux*, institué conformément à la loi du 2 novembre 1892, a pour but : 1° de faciliter aux enfants des deux sexes l'entrée en apprentissage en ouvrant dans un local déterminé (préfecture, sous-préfecture, hôtel de ville, etc.) un registre des offres et demandes d'emplois; 2° de stimuler, par des récompenses et des encouragements distribués chaque année, l'assiduité, la bonne conduite et l'application des apprentis, ainsi que le dévouement des patrons pour leur jeune personnel; 3° de veiller au bien-être matériel et moral des jeunes gens et des jeunes filles en créant à leur usage des cours et des conférences, en organisant des excursions et promenades instructives, en aménageant des locaux où ils pourront trouver des attractions variées après leur travail et en leur procurant, par la suite, des situations avantageuses. Il fonctionne depuis 1898.

L'Association des Jeunes Économes, fondée en 1823, comme nous l'avons déjà dit plus haut, vient en aide aux jeunes filles des familles pauvres et nombreuses de Paris. Elle pourvoit gratuitement à tous leurs besoins en leur donnant le logement, l'habillement, la nourriture, l'éducation et l'instruction morale et religieuse. Les associées doivent économiser sur leurs plaisirs et leurs dépenses personnelles, de là le nom de Jeunes Économes qui leur a été donné. Éminemment confessionnelle, cette œuvre est dirigée par un supérieur ecclésiastique désigné par l'archevêque de Paris. Sept membres laïques, recrutés parmi les catholiques les plus militants de la capitale, représentent la Société dans tous les actes de la vie civile. Un nombre limité de « conseillères » surveille l'administration de la maison et procure les fonds nécessaires. Les documents exposés nous apprennent que la Société des Jeunes Économes fut enrichie par de nombreuses indulgences et que, jusqu'en 1875, les pouvoirs publics la favorisèrent également, mais d'une façon plus positive, en donnant à leur intervention la forme de subventions annuelles. Installée depuis 1883, rue de l'Université, cette Association reçoit des enfants, au nombre de 200, qui sont confiées aux sœurs de Saint-Vincent-de-Paul. Elles restent à l'ouvroir jusqu'à vingt et un ans, y apprennent la lingerie et le blanchissage. A leur sortie, elles reçoivent un trousseau, une somme d'argent, sont placées et souvent mariées. Près de 4.000 jeunes filles ont été ainsi élevées par les Jeunes Économes. Les finances de la Société sont assurées par des souscriptions, une loterie, des dons et legs et surtout par les *commandes de lingerie*, que la supérieure, avertie par lettre, envoie prendre à domicile. Nous aurons occasion, par la suite, de revenir sur ce genre d'entreprises charitables et philanthropiques qui, au préjudice de l'industrie privée et des ouvrières qu'elle emploie, arrivent à produire les objets manufacturés à un prix dérisoire et défiant toute concurrence.

Viennent ensuite le *Patronage laïque des Amis de l'Adolescence du XVIIIe arrondissement*, ainsi que ceux des *IIe, IIIe et IVe arrondissements de Paris*; la *Société philomatique de Bordeaux*; l'*Orphelinat municipal* d'Angers; les *Sociétés de patronage d'apprentis des deux sexes des VIe, IXe et XVIIe arrondissements*; la *Société de protection des enfants du papier peint*, etc., etc., ainsi que toutes les œuvres catholiques ou protestantes qui s'emparent de l'enfant au sortir de l'école pour ne le lâcher qu'en mains sûres dans les syndicats à mêmes tendances.

LA RÉGLEMENTATION DU TRAVAIL

ET LA SÉCURITÉ DES ATELIERS

Cette classe de l'Exposition est surtout occupée par les industriels et les associations patronales, la sécurité des ateliers et la réglementation du travail étant, jusqu'ici, presque entièrement de leur ressort. La loi sur les accidents et les mesures prises en vue de son application en font presque tous les frais. Nous pensions y trouver quelques traces des efforts faits par les organisations ouvrières dans le but de réglementer le travail; mais, à part deux exceptions (encore sont-elles dues à l'initiative patronale), nous n'avons pu que constater leur absence.

La Réglementation du Travail

La législation du travail est représentée par une série de tableaux du Ministère du commerce concernant la population ouvrière protégée par les lois réglementant le travail et soumise à l'inspection. Des graphiques en donnent la répartition par département, genre d'industrie, âge et sexe. Il y est joint une statistique comparative des déclarations d'accidents faites sous le régime : 1° de la loi de 1892-1893 (années 1894-1898); de la loi du 9 avril 1898 (année 1899), et un tableau graphique du personnel ouvrier français en 1900.

La *Caisse nationale d'Assurances en cas d'Accidents* expose des tableaux muraux ainsi qu'une notice sur son mode de fonctionnement et sur la loi du 24 mai 1899, qui étend ses opérations aux risques prévus par la loi du 9 avril 1898. Elle y ajoute le texte complet de ces deux lois et le tarif maximum des primes à payer pour s'assurer à la Caisse nationale.

Depuis sa fondation (1868) jusqu'au 31 décembre 1898, la Caisse nationale d'assurances en cas d'accident a encaissé 274,315 francs de primes au nom de 42,561 assurés. Les règlements de sinistres et les frais accessoires ont entraîné une dépense de 229,949 francs, soit 83.83 o/o des versements, laissant un excédent de 44,366 francs. Sur les 42,561 assurances, elle n'a eu à régler que 99 sinistres, dont 73 ayant occasionné une incapacité permanente de travail et 26 ayant été suivis de mort; soit une moyenne de 2.32 accidents par 1,000 assurés.

Dans le même ordre d'idées citons :

Le *Syndicat général de Garantie du Bâtiment et des Travaux publics*, institué en vue de prémunir ses membres contre toutes les conséquences pécuniaires résultant des accidents du travail. Il est ouvert à tous les industriels ou entrepreneurs du groupe 5 de la classification ministérielle du 30 mars 1899, habitant les départements de la Seine, Seine-et-Marne, Seine-et-Oise et Oise. Transformé en 1899 à la suite de la promulgation de la loi sur les accidents, sa fondation remonte à 1859. Il comptait alors 67 adhérents, payant, en salaires annuels, une somme de 2,998,039 francs. Aujourd'hui, le nombre des industriels assurés est de 804, employant 30,000 ouvriers, fournissant un chiffre global de salaires de plus de 48 millions. Du 1er juillet au 31 décembre 1899, le total des primes encaissées s'est élevé à 774,667 francs, soit environ 1,500,000 francs pour une année entière.

La *Mutualité Industrielle* a été créée dans le même but. Au bout de neuf mois d'exercice, elle assure 61 millions de salaires moyennant 1 million de cotisations.

C'est aussi pour réaliser l'assurance à prix coûtant qu'ont été fondés le *Syndicat de Garantie de l'Union parisienne des Entrepreneurs et Industriels* et la *Caisse d'assurances des Chambres syndicales contre les Accidents de toute nature.*

Le *Syndicat de Garantie de l'Union parisienne des Entrepreneurs et Industriels* est un groupement patronal désireux de se soustraire au joug des grandes Compagnies d'assurances, en s'assurant lui-même en toute sécurité à 40 0/0 meilleur marché. Il est administré par les adhérents eux-mêmes, sous le contrôle permanent de l'État, et offre les avantages suivants : 1° pas de provision à verser d'avance ; 2° payement des primes après chaque mois échu seulement, et d'après le calcul résultant du taux de la prime sur le chiffre des salaires ; 3° les adhérents ne peuvent être recherchés personnellement par l'État pour le payement de leurs accidents ; 4° tarif inférieur de 40 0/0 environ à ceux des Compagnies d'assurances à primes fixes ; 5° plus de solidarité par suite du versement des capitaux constitutifs des rentes dans la Caisse nationale des retraites ; 6° l'excédent des recettes ou bénéfices est remis aux adhérents après chaque exercice. Les adhésions dépassent aujourd'hui 55 millions de salaires et le succès du Syndicat de garantie a eu pour premier résultat d'amener les Compagnies d'assurances à baisser considérablement le taux de leurs primes.

Au Congrès national des entrepreneurs du bâtiment, tenu en septembre 1900, l'idée fondamentale de la loi, le principe nouveau du « risque professionnel », a été nettement accepté par les congressistes. Ils ne se sont divisés, tout en demandant l'assurance obligatoire, que sur sa réalisation par l'État : la province se prononçant pour et Paris contre. M. Devillette, dont le Syndicat de garantie est en grande partie l'œuvre, n'a pas manqué de signaler combien l'assurance par l'État était onéreuse pour les industriels · alors qu'en Allemagne, en 1895, sur 50,125,800 mark versés par eux, 10,372,000 mark, soit plus d un cinquième, ont été absorbés par les frais généraux; en France, le Syndicat de garantie est parvenu à réduire ces mêmes frais généraux à 3.65 o/o des cotisations versées. Ce sont ces raisons qui ont amené les patrons parisiens à repousser l'organisation de l'assurance par l'Etat.

La *Caisse d'Assurances mutuelles des Chambres syndicales contre les Accidents* garantit la responsabilité civile jusqu'à concurrence de 10.000 fr. Les primes, suivant les classes des risques, varient de 0.30 à 4.26 o/o des salaires.

La *Caisse syndicale d Assurances mutuelles des Forges de France* fut fondée en 1891 par le Comité des Forges de France. C'est dans ce Comité, exclusivement, qu'elle recrute ses adhérents. Elle garantit la responsabilité du patron sans limites aucunes à l'aide d'une cotisation annuelle variant de 1.20 à 1.80 o/o des salaires. Le nombre des établissements assurés en 1897 était de 49, employant 59,018 ouvriers et ayant distribué 72,870,586 fr. de salaires. Le nombre des accidents survenus durant cet exercice a été de 1,047, parmi lesquels 512 ont motivé une indemnité conformément aux statuts.

L'*Association des Industriels du Nord de la France*, composée de 700 patrons employant environ 120,000 ouvriers; l'*Association normande*, qui exerce son action sur 55,000 travailleurs répartis dans les cinq départements de la Normandie; la *Caisse syndicale d'Assurances mutuelles des Agriculteurs de France contre les Accidents*, celle de l'*Industrie sucrière*, etc., ont le même objectif que les institutions citées ci-dessus.

Comme on peut s'en rendre compte, là encore les patrons ont su admirablement se servir de l'Association au mieux de leurs intérêts.

La Sécurité des Ateliers

Pour la sécurité des ateliers, signalons :

Le *Chemin de fer de l'Ouest*, qui expose un appareil de protection.

Les *Mines de la Roche-Molière*, avec leur règlement sur la police des mines.

Les *Mines de Lens* et de *Béthune*, qui indiquent les dispositions prises pour assurer l'hygiène et la sécurité des travailleurs.

L'*Imprimerie Crété*, de Corbeil, avec les dessins des appareils protecteurs employés pour les machines à imprimer, etc., etc.

Enfin, l'*Association des Industriels de France*, qui donne une série d'affiches à apposer dans les ateliers et concernant les transmissions, la mise en marche et l'arrêt du moteur, les imprimeries, les batteurs, les meules en composition et les meules en grès, les monte-charges, les ateliers de constructions mécaniques, les cardes à coton, les cardes à laines, les métiers à tisser mécaniques, les scies circulaires, les métiers à filer automatiques, les sucreries, les bancs à broches, les installations électriques, les fabriques de papier, les secours à porter aux personnes foudroyées par suite d'un contact accidentel avec les conducteurs d'électricité et les premiers soins à donner en cas d'accident avant l'arrivée du médecin. Fondée en 1883, cette Société, au 31 juillet 1899, exerçait son action dans sept départements et comptait 2,771 membres occupant 286,000 ouvriers.

L'Organisation du Travail

Dans cette même classe, la *Maison Harmel* expose le fonctionnement de son Conseil d'usine (déjà cité aux *Syndicats mixtes*) et le *Syndicat mixte de l'industrie roubaisienne* met sous les yeux du public les documents concernant son Conseil d'arbitrage et de conciliation.

Nous extrayons du règlement d'atelier adopté par les Syndicats mixtes de l'industrie roubaisienne les passages suivants :

ART. 13. — Les rixes, jurements et *blasphèmes* sont sévèrement interdits....

ART. 14. — ... L'ensemble des amendes encourues pendant une semaine ne peut dépasser le *cinquième* des salaires hebdomadaires....

Cueillons également, dans le règlement pour le travail des ouvriers de la *Raffinerie Say*, les trois articles suivants :

ART. 7. — *Immédiatement* après le son de la cloche annonçant l'entrée aux ateliers, chaque ouvrier devra être à son ouvrage, et ne pourra se disposer à sortir avant qu'on ait sonné de nouveau.

ART. 8. — L'appel sera fait chaque matin à 5 heures 45 minutes. Tout ouvrier qui ne sera pas entré à la Raffinerie avant la fin de l'appel sera considéré comme étant arrivé en retard.

ART. 12. — Tout ouvrier, à sa sortie de l'établissement, pourra être visité par le concierge.

Est aussi exposé, mais trop haut, le règlement adopté par les *Syndicats mixtes de l'industrie textile de Lille, Tourcoing, Roubaix, Fourmies et Armentières.*

La *Cristallerie de Baccarat* a une organisation du travail assez curieuse et qui rappelle un peu le système commanditaire. Les ouvriers payés au mois et les ouvrières sont généralement groupés par compagnies dont chacune est composée d'un chef et d'un certain nombre de souffleurs et de gamins chez les verriers, de compagnons et apprentis pour les autres ouvriers. Chez les femmes, il y a de même une maîtresse, des compagnes et des apprenties.

Le gain de chaque compagnie est rémunéré à la pièce, à la fin de chaque mois, suivant des tarifs connus de tous. Les membres de la compagnie prélèvent d'abord sur le gain collectif total les gages fixes attribués à chacun d'après son grade. L'excédent est ensuite réparti entre eux, sous le nom de gratification, suivant des proportions réglées par avance. Le gage fixe est donc un minimum garanti quelle que soit, finalement, la production de la compagnie. Il y a peu d'exemples que les ouvriers se soient vus obligés de s'en tenir au gage fixe garanti, il arrive même fréquemment que la gratification est plus importante que le gage fixe. Les nominations aux grades supérieurs sont déterminées par des concours où les ouvriers sont appelés à faire leurs preuves. Ils s'y préparent longtemps d'avance. La liste de classement est affichée dans les ateliers et les pièces produites soumises au contrôle des concurrents eux-mêmes.

Au même titre, auraient pu prendre place dans cette classe : la Commission d'arbitrage des *Coiffeurs de Bordeaux* dont nous parlons aux *Syndicats ouvriers:* le Comité de conciliation de la *Maison Leclaire*, composé de cinq ouvriers, trois employés, et présidé par le patron, avec, comme compétence, le jugement des ouvriers et employés qui, dans le travail, s'écartent de leur devoir; la Commission mixte de l'*Industrie du Livre;* enfin et surtout, un exposé documenté du *Travail en commandite* qui fonctionne dans l'imprimerie.

LES HABITATIONS OUVRIÈRES

S'il est une question qui, entre toutes, parait bien délaissée par les travailleurs, c'est, assurément, celle qui a trait aux habitations ouvrières. Nous eûmes, en ces derniers temps, l'occasion de causer avec quelques camarades délégués, par leur département ou leur ville, à l'Exposition universelle. A chacun d'eux, nous demandâmes un avis sur la classe 106. Invariablement, la réponse fut que « cela n'avait pas grande importance » et que, dans les rapports, on glisserait sans appuyer sur cette partie de l'Economie sociale, si toutefois il en était fait mention.

Il y a là, certainement, un jugement un peu hâtif et qu'une étude, même superficielle, ne saurait manquer de redresser. Est-il vraiment possible de traiter par le dédain les essais, de plus en plus nombreux, qui tendent à fournir à l'ouvrier un logement sain et confortable où lui et sa famille son appelés à passer la moitié de leur existence? Les conditions d'habitation des travailleurs sont-elles à ce point satisfaisantes que le problème posé ne vaille point la peine d'être examiné? Nous ne le pensons pas, et rien de ce qui touche à l'hygiène de l'habitation et aux commodités du logement ne devrait nous laisser indifférents, quand on voit de quelles déplorables façons sont presque toujours logés les travailleurs dans les grandes agglomérations.

Dans une intéressante brochure: *La Question sanitaire*, qui mériterait d'être entre les mains de tous ceux qui peinent à la tâche, le docteur Julien Pioger consacre un chapitre spécial au rôle social de l'habitation. Il y montre l'influence considérable qu'elle a sur l'ensemble des individus, et cela à bien des points de vue. Par des chiffres et de nombreux exemples, il prouve que la mortalité est en rapport direct avec la dimension des locaux dont le loyer est inférieur à 250 francs; que la courbe des maladies épidémiques, des affections contagieuses suit constamment celle du surpeuplement des quartiers ouvriers des grandes villes, pour redescendre au niveau le plus bas dans les endroits habités par la classe aisée. Il constate également, lorsqu'une amélioration quelconque est introduite dans les maisons surpeuplées ou construites dans de mauvaises conditions hygiéniques, qu'elle se traduit toujours par un abaissement du taux de la mortalité.

On reste effrayé, en effet, quand on songe qu'en France il y a encore

220,000 maisons qui n'ont pas de fenêtres; qu'à Paris, 25,000 à 30,000 familles de cinq à six personnes ne disposent que d'une seule pièce avec un lit unique; qu'à Berlin, en 1880, 100,000 personnes habitaient dans 23,000 caves, 200,000 couchaient à quatre ou cinq dans une seule pièce, et que, dans 3,230 logements, il était impossible de faire du feu; qu'à Budapest, en 1881, 30,441 personnes logeaient dans des caves, ce nombre représentant 8 o/o de la population totale: qu'à Bruxelles, 2,815 familles ont des filles et des garçons couchant dans la même pièce, et que, pour 405 d'entre elles, les enfants des deux sexes couchent dans le même lit; etc.

D'après M. Bertillon, 332,876 Parisiens, soit 14 o/o de la population totale, vivent dans un état d'encombrement excessif. A Berlin et à Vienne, la proportion est de 28 o/o; à Budapest, 71 o/o; à Saint-Pétersbourg, 16 o/o; à Moscou, 31 o/o. Suivant un autre rapport, sur les 19,284 familles ouvrières qui entrent dans la composition de la population bruxelloise, 9,364 sont logées dans des conditions défectueuses, soit près de 50 o/o. Un tableau exposé à la section anglaise de l'Economie sociale nous apprend qu'à Londres le péril n'est pas moins grand, puisque près d'un tiers de la population (35,1 o/o), habite des locaux encombrés).

Cette statistique, comme bien on pense, pourrait être allongée indéfiniment. En la développant, nous démontrerions davantage que le mal entrevu au travers de ces quelques chiffres est encore beaucoup plus redoutable quand il est scruté d'un peu plus près.

Ce surpeuplement ne va pas sans de graves inconvénients pour la santé publique, car c'est dans ces habitations malsaines qu'éclatent, se développent et se propagent toutes sortes de maladies contagieuses, d'affections mortelles qui déciment la partie laborieuse de la population déjà si éprouvée, cependant, par le surmenage industriel toujours plus intense. L'anémie, la scrofulose, le rachitisme, la variole, la diphtérie, la fièvre typhoïde, la terrible tuberculose, etc., y exercent leurs ravages et maintiennent, dans ces milieux propices à leur éclosion, le deuil et la misère, la douleur et la ruine....

Afin de montrer combien l'effort à accomplir est grand pour remédier à ce déplorable état de choses, nous emprunterons, à l'exposition de la Société de statistique de Paris (classe 110), les chiffres de deux diagrammes, de M. Bertillon, sur les logements dans Paris et sa banlieue. Pour loger convenablement, c'est-à-dire à raison de deux personnes par pièce, la population parisienne qui vit actuellement dans des logements surpeuplés, il faudrait créer 50,321 logements comprenant 143,394 pièces; pour la banlieue, le nombre des logements à créer serait de 10.508 avec 37,396 pièces. Et dire — comme on l'a vu plus haut — que Paris est la mieux partagée des capitales européennes!...

Aussi, toutes ces considérations nous paraissent-elles largement suffisantes pour nous intéresser aux tentatives faites en vue d'améliorer les conditions hygiéniques des habitations ouvrières — sans nous illusionner, toutefois, sur le but poursuivi par certains apôtres du bonheur des prolétaires, leur mercantilisme montrant parfois un peu trop le bout de l'oreille.

Dans plusieurs pays, le législateur est déjà intervenu pour aider au développement des habitations ouvrières, notamment en Angleterre, en Belgique et en Autriche.

En France, c'est la loi du 30 novembre 1894, due à l'initiative de M. Siegfried, qui régit la matière. Elle prévoit la faculté d'établir, à l'aide d'un décret du Président de la République, des Comités d'habitations ouvrières dans chaque département, destinés à en propager et en faciliter l'application, soit en prenant l'initiative de la création de Sociétés de maisons à bon marché, soit en stimulant leur organisation par des concours entre les propriétaires et les architectes. En 1898, leur nombre était de 88, repartis dans 50 départements. La loi donne le droit aux bureaux de bienfaisance, hospices et hôpitaux, après autorisation préfectorale, d'employer une fraction de leur patrimoine (un cinquième) à la construction de maisons à bon marché ; il en est de même pour la Caisse des dépôts et consignations. La Caisse d'épargne de Marseille a déjà largement usé de cette faculté et celle de Troyes expose, à Vincennes, une maison grandeur naturelle. De son côté, la Caisse d'assurances en cas de décès est autorisée à passer des contrats avec les acquéreurs pour garantir le paiement de ces maisons. Parmi les autres immunités que procure la loi, il faut encore citer celle qui consiste à affranchir ces immeubles des contributions foncières et des portes et fenêtres pendant cinq années à dater de leur achèvement. De plus, les Sociétés qui poursuivent ce but sont dispensées de toute patente et exonérées de l'impôt sur le revenu attribué aux actions et aux parts d'intérêts, mais à la condition qu'elles soient nominatives, et cela seulement pour les associés dont le capital versé ne dépasse pas 2,000 francs.

La création des Sociétés d'habitations ouvrières est aussi facilitée par la *Société française des Habitations à bon marché*, fondée en 1889 par M. Siegfried. Elle a pour but d'encourager la construction de maisons salubres et à bon marché et s'interdit toute opération directe. C'est une Société de renseignements, de propagande et d'encouragements. Au 31 décembre 1898, le nombre des Sociétés créées par son action immédiate et sous son patronage s'élevait à 72.

Il existait en France, au mois de juillet 1899, 46 Sociétés d'habitations à bon marché qui avaient demandé l'approbation de leurs statuts, dont 32 Sociétés anonymes et 14 coopératives. D'autres Sociétés fonctionnent à côté de celles-là, et ne sont pas les moins importantes, telles que la Société Philanthropique de Paris et la Société des Logements économiques de Lyon..

Le nombre total des Sociétés d'habitation à bon marché fonctionnant en 1899 s'élevait à 61, se décomposant ainsi : sociétés anonymes, 41 ; sociétés coopératives, 14; société de crédit, 1; société d'épargne 1; sociétés d'utilité publique, 4. Leur capital social était de 16,680,458 francs, sur lesquels 13,324,357 francs avaient été versés.

Au Congrès d'hygiène ouvrière, tenu à la Bourse du Travail de Lyon en 1894, le docteur G. Roux, dans un savant rapport, concluait à la nécessité de remédier au plus vite aux conditions déplorables d'habitation imposées aux travailleurs, et aussi à l'application rigoureuse de la loi du 13 avril 1850, relative à l'assainissement des logements insalubres.

Cette classe de l'Économie sociale est disséminée un peu partout : une grande partie se trouve réunie au Palais des Congrès documents, photographies, plans et réductions en relief ; une autre — non la moins intéressante — nous présente, à Vincennes, les maisons en grandeur naturelle, quelques-unes même entièrement meublées; enfin, on rencontre des réductions en relief, des plans et des photographies dans quelques pavillons nationaux : Allemagne, Danemark, etc.

Dans cette exposition, abondante en documents, deux systèmes principaux sont en présence : l'un qui consiste à louer, à des prix modiques, des habitations collectives ou individuelles saines et confortables aux travailleurs, mais sans espoir d'acquisition; l'autre qui a pour but, moyennant des mensualités déterminées d'avance, de conférer au locataire la propriété définitive de la maison dans un délai fixé.

Pour bien des raisons, le premier système nous paraît de beaucoup préférable au second; car, quels que soient les charmes que puisse avoir pour le travailleur la possibilité d'être un jour propriétaire, ils ne compensent pas, selon nous, l'indépendance indéniable résultant de sa grande facilité de déplacement qui, grâce aux progrès réalisés dans les moyens de communications, est aujourd'hui une de ses principales forces contre le patronat. Et ceux-là l'ont bien compris (1), qui ont inscrit dans leurs statuts que le but de la Société était de « *rendre l'ouvrier propriétaire de son foyer, de* L'ATTACHER *à sa ville, à son quartier, à sa maison!...* » Propriétaire ou en train de le devenir, il est, en effet, rivé à son domicile, au pays où il l'a établi. La possession — et surtout la crainte de ne plus posséder — émousse inévitablement ses sentiments de combativité, et sa tendance à réagir contre les prétentions de ses employeurs s'en ressent presque toujours. Aux lourdes charges qu'il supporte déjà viennent encore s'ajouter celles qui résultent des engagements à long terme qu'il est obligé de contracter. L'échéance implacable doit plus d'une fois étouffer en lui l'idée d'une lutte longue et pénible en vue du relèvement de son salaire. La pratique a déjà répondu pour les typographes, car ce n'est un mystère pour personne qu'en général ceux qui possèdent quelques biens et sont un tant soit peu attachés au sol se mettent les derniers en branle — quand encore ils parviennent à le faire.

Il nous reste, maintenant, à passer rapidement en revue les exposants de la classe 106. Ils peuvent se diviser en quatre catégories principales : 1° les industriels qui se préoccupent du logement de leurs ouvriers; 2° les Sociétés anonymes d'habitations ou de logements à bon marché; 3° les Sociétés coopératives; 4° les Sociétés en participation d'épargne.

(1) La *Ruche Roubaisienne*, qui comprend, dans son Comité de contrôle des obligataires, M. Motte, industriel et député, et M. Reboux, le maître-imprimeur bien connu de tous les travailleurs du livre à la suite des difficultés survenues entre lui et ses ouvriers.

L'initiative patronale

Dans le premier groupe, nous citerons tout d'abord la *Cristallerie de Baccarat* qui, conformément à un vieil usage, paraît-il, loge gratuitement les ouvriers verriers employés dans son usine. Sur un effectif total de 2.223 personnes, 247 ménages, comprenant ensemble 867 locataires, se trouvent bénéficier de cette disposition.

Deux cas semblables sont signalés dans un rapport du *Comité départemental de la Sarthe* : la *Papeterie de Varennes*, qui possède 59 habitations et 38 petites maisons, et la *Verrerie de La Pierre*. Elles logent gratuitement leurs ouvriers

Les *Mines de Lens* ont édifié un grand nombre de cités ouvrières occupées par 18,363 habitants; le prix de location varie entre 5 et 10 francs par mois.

La *Société Solvay et Cie*, de Varangeville-Dombasle, dans le but de venir en aide aux ouvriers désireux d'acheter ou de faire construire une maison, leur prête l'argent nécessaire aux conditions suivantes : 1° l'ouvrier qui veut emprunter doit, en général, posséder le terrain ou le cinquième nécessaire à l'acquisition de la maison, plus les frais d'actes de notaire, timbre, enregistrement, etc., la Société lui avance le surplus, jusqu'à concurrence de 2,500 francs : 2° comme garantie de ce prêt, la Société Solvay doit toujours posséder sur l'immeuble un privilège ou une hypothèque lui permettant d'être payée en premier lieu: 3° l'intérêt de la somme prêtée est calculé à raison de 2 0/0 l'an, le remboursement du capital se faisant par annuités comprenant l'intérêt et l'amortissement. Le nombre d'annuités *ne peut jamais dépasser douze* et leurs rentrées s'opèrent par *retenues sur le salaire de l'ouvrier*, etc. L'ouvrier a toujours la faculté de se libérer de sa dette par anticipation dans les conditions prévues par le règlement. De 1892 à 1899, le nombre des ouvriers bénéficiaires des prêts était de 60. avec une moyenne de prêt par ouvrier de 2,562 fr. Le total des sommes prêtées à la fin de l'exercice 1899 s'élevait à 153,716 fr.03 et le montant des remboursements à 87,974 fr. 17.

Nommons encore les *Mines de la Roche-Molière* ; la *Blanchisserie et Teinturerie de Thaon ;* les *Etablissements Menier*, de Noisiel, qui reproduisent au naturel une de leurs maisons, à Vincennes; les *Aciéries de Trignac*; les *Usines du Pied-Selle*, *Moët et Chandon*, à Epernay : enfin, la *Société de Vezin-Aulnoye*, qui présente les cités ouvrières qu'elle a fait construire à Homécourt, ainsi qu'une hôtellerie pour les célibataires et un restaurant économique. Les locataires de ces maisons sont assujettis à des visites hebdomadaires d'employés spéciaux de la Compagnie, qui viennent s'assurer de la bonne tenue des locaux occupés. Nous doutons fort que ces petites excursions dans l'intimité des travailleurs de l'usine soient très goûtées par ces derniers.

En Allemagne, l'intervention des industriels dans la question de l'habitation ne paraît pas rencontrer un accueil favorable auprès des ouvriers, puisque les inspecteurs du travail y signalent leur antipathie pour les logements que les patrons leur procurent; ils y voient comme une atteinte à leur indépendance. Aussi, les efforts qui tendent à permettre aux ouvriers de s'élever une maisonnette avec leurs propres ressources ont-ils plus de succès. On s'applique, aujourd'hui, à les généraliser.

Les Sociétés anonymes d'Habitations à bon marché

La deuxième categorie, qui n'est pas la moins importante, se compose de quelques-uns de ceux que de réelles sympathies pour les travailleurs amènent à agir, et d'associations de capitalistes que leurs sentiments philanthropiques n'empêchent pas d'affirmer qu'avant tout, le « capital engagé doit être convenablement rémunéré ». Aussi ces derniers, réunis en Congrès à l'occasion de l'Exposition, se sont-ils empressés de déclarer qu'il serait *immoral* de loger gratuitement les ouvriers et firent-ils le plus froid accueil à une proposition de M. Cheysson, tendant à répartir proportionnellement entre les locataires les bénéfices des Sociétés propriétaires.

La *Société Bordelaise des Habitations à bon marché* a pour objet exclusif de louer ou de vendre, à échéance fixe ou par paiements fractionnés, à des personnes n'étant propriétaires d'aucune maison — notamment à des ouvriers ou employés vivant de leur travail ou de leur salaire — des maisons salubres à bon marché. Son capital est de 185,000 francs, répartis en 370 actions (admises à la Cote officielle de la Bourse) et entre les mains de 144 actionnaires. Elle possède, actuellement, 92 maisons individuelles.

Voici un exemple de sa façon d'opérer, pour une maison d'une valeur de 7,800 francs :

Versement initial : 10 0/0, soit 780 francs.

Loyer mensuel...........	Fr.	36 66	55 fr. 90 par mois.
Amortissement mensuel.....		19 24	

Dans ces conditions, le locataire acquéreur sera définitivement propriétaire au bout de vingt ans, à moins qu'il ne fasse des versements supplémentaires, qui, suivant leur importance, diminueront le nombre des années d'attente. La mise de fonds initiale et l'élévation relative des mensualités que doivent s'imposer ceux qui ont recours à cette combinaison font que bien peu d'ouvriers se trouvent en situation de souscrire à de semblables conditions.

Viennent, ensuite, le *Foyer du Travailleur*, de Pontoise; la *Société des Habitations à bon marché*, de Clichy; celles de *Saint-Denis*, de *Beauvais*, de *Belfort*, la *Société des Habitations salubres et à bon marché*, de Marseille qui, bien avant la promulgation de la loi du 30 novembre 1894, avait décidé la limitation du dividende à 4 o/o; la *Société Havraise des Cités ouvrières;* la *Société Immobilière Nancéienne;* la *Caisse d'Epargne de Troyes* (maison à Vincennes); la *Caisse d'Epargne des Bouches-du-Rhône*, etc.

Nous nous en voudrions de passer sous silence les résultats obtenus par la *Société des Logements économiques et d'Alimentation*, fondée à Lyon en 1886 par M. Mangini. Elle s'est assigné, comme but, la création, aussi économiquement que cela peut se faire, de maisons ne laissant rien à désirer sous le rapport de l'hygiène et d'un confortable relatif, destinées à la population ouvrière et mises à sa disposition au meilleur marché possible; puis, l'installation et l'exploitation de restaurants populaires à prix réduits. Une expérience de quatorze années a prouvé que l'on peut établir, dans d'excellentes conditions, des maisons avec une économie d'au moins 25 o/o sur les dépenses ordinaires et que, par conséquent, l'on peut abaisser d'au moins 25 o/o les taux habituels de location. L'essai n'a pas été moins concluant pour les restaurants populaires. Dans cette Société, les fonctions d'administrateur sont purement gratuites, même pour celui qui est chargé de la direction, et un dividende de 4 o/o par an forme la seule rémunération du capital versé par les actionnaires. Elle possède, actuellement, 120 maisons avec 1,467 logements, contenant 7,350 habitants. Le prix moyen annuel de location, par logement, est de 220 francs. A la fondation, le capital social était de 200,000 francs. Il a été augmenté successivement depuis et se trouve, aujourd'hui, porté à 5 millions. En 1899, les recettes se sont élevées à 512,526 francs et les dépenses à 483,501 francs, laissant un bénéfice net de 29,025 francs, soit 5.66 o/o. A la fin de 1899, les réserves atteignaient 548,591 francs. Terminons cette petite statistique en disant que, pour les deux restaurants de la Société, le nombre des repas consommés, dans une seule journée, a été de 3,325, avec une dépense moyenne de 0 fr. 45.

Les Sociétés coopératives

La troisième catégorie est formée par les Sociétés coopératives.

En première ligne, se présente la *Société du cottage d'Athis*, fondée en 1894, à Athis-Mons, par de petits employés du chemin de fer d'Orléans. Au début, elle a obtenu de la Compagnie deux prêts, se montant ensemble à 160,000 francs, et la vente de 19,500 mètres de terrain, le tout à intérêt de 3 o/o. En dehors du loyer de leur maison, les locataires versent, pour les frais généraux, une somme déterminée; mais si ces fonds ne sont pas entièrement employés, le solde en est réparti, en fin d'exercice, entre tous les locataires, au prorata de leurs loyers. Le nombre des cottages construits est aujourd'hui de 150.

La *Ruche du Toulon*, à Périgueux, a été, elle aussi, constituée par des employés du chemin de fer d'Orléans. Ils ont trouvé, dans la Compagnie, le même appui que leurs camarades d'Athis-Mons.

Citons encore la Société *le Foyer*, de la Garenne-Colombes: le *Foyer Villeneuvois*, à Villeneuve-Saint-Georges: la *Pierre du Foyer*, de Marseille; la *Famille*, de Saint-Denis, etc.

La *Prudence*, la banque populaire de Monteeau-les-Mines, dont nous avons déjà parlé, s'occupe, depuis 1893, de maisons ouvrières, en avançant aux travailleurs la somme nécessaire pour construire une petite maison. Pour y avoir droit, il faut faire partie du personnel des mines de Blanzy. Ces avances sont accordées à condition que l'ouvrier souscrive, au profit de la *Prudence* : 1° une obligation hypothécaire dont le montant est remboursable en quinze ans; 2° une police d'assurance mixte sur la vie, à la Compagnie d'Assurances générales. L'acquéreur paye l'intérêt de la somme avancée à 3 o/o et la prime d'assurance. En cas de décès du bénéficiaire, la Compagnie d'Assurances rembourse à la *Prudence* les sommes qu'elle a versées, si bien que la veuve et les enfants du défunt se trouvent être propriétaires d'une maison entièrement payée. *Les versements mensuels de l'ouvrier sont effectués directement sur ses salaires par la Compagnie des Mines de Blanzy.* Les sommes prêtées jusqu'à ce jour s'élèvent à 275,300 francs et ont permis de construire 136 maisons.

La *Propriété populaire*, de Paris, fut fondée en participation en 1895, puis transformée en Société coopérative à capital et personnel variables en 1897. Chaque associé s'engage à verser une cotisation de 5 francs par mois qui sert à former un capital social en libérant les actions qu'il a souscrites. Quand l'encaisse le permet, il est procédé à un tirage au sort entre les sociétaires et celui qui est désigné fait choix, dans une commune de la banlieue de Paris, du terrain qui lui convient en indiquant aux entrepreneurs de la Société le plan approximatif d'après lequel il désire que son pavillon soit construit. La Société achète le terrain, fait construire le pavillon et le livre prêt à être habité au sociétaire favorisé par le sort. A dater de ce jour, le bénéficiaire s'engage a se libérer du montant du prix de sa maison par des versements trimestriels fixés d'avance, allant de 31 fr. 25 par terme pour un pavillon de 2,000 fr., à 125 fr. pour un de 8,000 francs. Aucun intérêt n'est réclamé au sociétaire et, lorsque le montant de ses versements égale le prix de revient de son pavillon, la Société lui fait dresser un acte de vente et lui rembourse le montant intégral de tous les versements faits sur ses actions, des cotisations non employées à la libération des actions et des intérêts qui lui ont été portés en compte à chaque inventaire. Voilà, en quelques lignes, exposé le fonctionnement d'une Société coopérative d'habitation à bon marché.

Les Sociétés en participation d'épargne

Pour terminer, le dernier groupe — Sociétés en participation d'épargne — est représenté par la Société *Ma Campagne*, fondée, en 1895, par 60 employés des Magasins du Louvre. Grâce à un prêt de 80,000 francs, fait par l'administration à 3 o/o d'intérêt et remboursable en neuf ans, ils achetèrent 44,300 mètres de terrain à Viroflay, qu'ils divisèrent en 60 parts égales. Le sort désigna le lot de chaque associé, qui devint le propriétaire définitif des 600 mètres de terrain qui lui étaient dévolus, à charge, par lui, de remplir les obligations contractées. Ne peuvent être admis, dans la Société *Ma Campagne*, que des *citoyens français* faisant partie du personnel des Magasins du Louvre.

LES INSTITUTIONS DE PRÉVOYANCE

Groupées en une seule classe, les Institutions de prévoyance représentent la partie la plus copieuse de l'Economie sociale à l'Exposition de 1900. Elles comprennent, notamment, les Caisses d'épargne, les Sociétés de secours mutuels et de retraites, les Compagnies d'assurances sur la vie et les Institutions patronales.

Comme bien on pense, c'est à la hâte que nous allons parcourir les galeries où, sous les aspects les plus variés, s'épanouissent les nombreux résultats obtenus jusqu'à ce jour dans cet ordre d'idées. Tous les genres y trouvent asile : depuis les graphiques gigantesques qui n'ont de limites que celles de la muraille même et signalent la marche ascendante de l'épargne française, jusqu'aux modestes feuilles volantes qui nous disent sans emphase les efforts tenaces de quelques poignées de travailleurs unis pour lutter contre la malechance ou conjurer les périls d'une vie entièrement faite de batailles douloureuses et d'incessants combats...

Et tandis que ceux-là, par leurs dessins aux couleurs chatoyantes, par leurs interminables colonnes de chiffres, clament bien haut le contentement des heureux de la terre, celles-ci, en toute simplicité, nous disent l'inaltérable confiance de leurs auteurs en l'effort collectif, leur foi ardente en la solidarité. Les clients des premiers n'ont d'autre but que d'arrondir sans cesse leur petit pécule et, comme la fourmi de la fable, d'amasser sans relâche en prévision des rigoureux hivers; — parmi eux, cependant, plus d'un vise au delà et caresse secrètement l'espoir qu'à l'aide de ses économies les autres travailleront un jour pour lui. Les seconds sont déterminés soit par le souci de ne pas voir entrer la misère dès que la maladie frappe à leur porte, soit par la crainte qu'un matin leurs bras endoloris par l'usage ou rouillés par l'âge se refusent à actionner l'outil avec lequel jusqu'alors ils ont péniblement assuré la nourriture quotidienne...

Ici, ce sont les grandes Sociétés financières qui étalent pompeusement leurs largesses et font couler sous nos yeux le mince filet d'or détourné du Pactole ruisselant qui remplit leurs coffres. Là, les industriels nous content leurs tentatives pour améliorer la condition de leurs ouvriers : les uns sans phrases, simplement; les autres, avec quelque tapage, comme le potentat du Creusot affichant, au premier étage, les LIBÉRALITÉS consenties par l'administration en faveur du personnel de son usine. Aussi abondantes qu'elles puissent être, ces LIBÉRALITÉS ne réussiront point à nous masquer complètement l'état de servitude incroyable dans laquelle sont encore maintenus les travailleurs creusotins. Leurs dernières révoltes ont répondu par avance à l'exposition de leur patron.

En fait de prévoyance, une seule forme de l'intervention patronale dans l'amélioration de la condition des ouvriers aurait la certitude de n'être pas discutée par l'unanimité des travailleurs : c'est celle qui consisterait à traduire toutes ces subventions en augmentations de salaires, en laissant à chacun le soin d'en disposer à sa guise. Cette façon de répartir les LIBÉRALITÉS ménagerait plus d'une susceptibilité et aurait, tout au moins, le mérite d'être plus digne.

En raison de son importance, un travail considérable serait nécessaire pour faire une étude approfondie de la classe 109. La section française, seule, comprend 559 exposants! Aussi nous contenterons-nous, à l'aide de statistiques et de quelques citations, de montrer le développement de la prévoyance en France et de donner une idée des formes diverses que, tour à tour, elle a su prendre, afin de répondre à certains désirs et de parer à des éventualités déterminées.

Les Caisses d'épargne

Caisses d'épargne ordinaires. — Fondée en 1818, à Paris, la première Caisse d'épargne eut un succès immense. L'exemple fut immédiatement suivi par Bordeaux et Metz en 1819, Rouen en 1820, Marseille en 1821, le Havre et Lyon en 1822, Reims en 1823, etc. A la fin de 1898, le nombre des Caisses était de 545 avec 1.204 succursales ou bureaux auxiliaires. De 4 en 1835, la proportion des déposants par 1,000 habitants passait à 179 en 1898. Le solde moyen des dépôts *par habitant* n'a pas suivi une progression moins rapide : de 1 fr. 91 en 1835, il s'est élevé à 88 fr. 28 en 1898.

Le nombre des livrets en cours a été porté de 5,538,638 en 1889 à 6,877,057 en 1898, donnant une plus-value de 1,338,419 livrets. Durant la même période, le solde de ces livrets s'est élevé de 2,683,600.000 francs à 3,400,240,064 francs, accusant une augmentation de 717 millions en chiffre rond.

En 1897, sur 1,000 déposants, la clientèle des Caisses d'épargne comprenait 491 hommes et 509 femmes. Elle se répartissait de la façon suivante :

Journaliers et ouvriers agricoles	11 0/0
Ouvriers d'industrie	14
Domestiques	10
Militaires et marins	1
Employés	4
Mineurs sans profession	33
Divers	27
	100 0/0

L'esprit d'épargne est à ce point développé chez nos compatriotes que, sur 100 déposants, il se trouve jusqu'à un militaire réussissant à économiser sur le produit de son travail.

Les 6,877,057 livrets qui existaient à la fin de 1898 se divisaient comme suit d'après l'importance de leur solde moyen :

	NOMBRE DE LIVRETS	MONTANT EN FRANCS
Livrets de 20 francs et au-dessous.	2.138.983	19.133.491
— de 21 à 100 francs...	1.143.001	58.722.041
— de 101 à 200 francs...	547.158	76.497.448
— de 201 à 500 francs...	765.068	250.280.149
de 501 à 1,000 francs..	671.834	510.532.414
— de 1,001 à 1,500 francs....	634.437	726.969.051
de 1,501 à 2,000 francs.............	589.711	955 064.266
— de 2,000 francs et au-dessus, devant être réduits	379.009	779.477.454
— de 2,000 francs et au-dessus, exempts de réduction par la loi..	4.856	23.563.750
TOTAUX... ..	6 877.057	3.400.240.064

Le montant moyen des livrets était de 493 fr. 43.

Au 31 décembre 1899, il existait 546 Caisses en activité avec 1,237 succursales ou bureaux auxiliaires. Le nombre des livrets s'élevait à 6,998,213, représentant un solde dû aux déposants de 3.407.310,726 fr. 32, soit une moyenne de 492 fr. 25 par livret et de 88 fr. 42 par habitant. On comptait d[illegible] 180 déposants par 1,000 habitants.

Le maximum des dépôts, qui était de 2,000 francs (1,000 francs à l'origine), fut réduit à 1,500 francs par la loi du 20 juillet 1895, avec un délai de cinq ans pour recevoir son entière application en ce qui concerne les livrets dépassant cette somme. Cette loi accorde également quelques facilités aux Caisses d'épargne pour subventionner, à l'aide de leur fortune personnelle (un cinquième du capital et la totalité du revenu), les Sociétés d'habitations ouvrières et de crédit populaire. Quelques-unes se sont déjà engagées résolument dans cette voie, telle que la Caisse d'épargne des Bouches-du-Rhône qui, sur une fortune personnelle de 3,053,793 francs, a déjà consacré à la construction des maisons ouvrières, à l'achat d'actions et d'obligations de Sociétés d'habitations à bon marché, en prêts hypothécaires de diverse nature et en prêts à des Sociétés agricoles de crédit, une somme dépassant 600,000 francs.

La fortune personnelle totale des Caisses d'épargne atteignait, à la fin de 1897, le joli chiffre de 118,559,774 francs, dont 24,961,811 francs en immeubles. Le fonds de réserve et de garantie, constitué conformément aux prescriptions de la loi de 1895 et géré par la Caisse des Dépôts et Consignations, s'élevait à 101,356,165 francs au 31 décembre 1898.

L'intérêt alloué par l'État aux Caisses d'épargne a été abaissé à 3 fr. 25 o/o à dater du 1er janvier 1896. La retenue que ces Caisses ont effectuée pour leurs frais d'administration et que la loi fixe entre 0 fr. 25 et 0 fr. 50 o/o, a été, en moyenne, de 0 fr. 2676 0/0, de sorte que l'intérêt servi aux déposants a été de 2 fr. 9824.

En dehors de la Caisse d'épargne des Bouches-du-Rhône, déjà nommée, citons, parmi les Caisses exposantes, celles de Paris, Bordeaux, Lyon, Nantes, Rouen, Reims, Roubaix, Troyes, Orléans, Meaux, Fontainebleau, etc.

Caisse Nationale d'Epargne. — Communément appelée Caisse d'épargne postale — les versements se faisant dans les bureaux de poste — elle a, dès sa création (1881), marqué un véritable temps d'arrêt dans le développement des Caisses d'épargne ordinaires. Alors que, de 1862 à 1881, le nombre de celles-ci était porté de 450 à 541, la période 1881-1898 ne voyait naître que quatre nouvelles Caisses. Malgré une réduction d'intérêt de 1/2 0/0, la Caisse Nationale, en dix-huit années, a déjà absorbé le tiers du nombre total des livrets d'épargne et le quart des dépôts.

Le nombre des livrets en cours, au 31 décembre 1898, s'élevait à 3,087,621 avec un solde dû aux déposants de 875,021,387 francs. Ces chiffres se décomposent comme suit :

	NOMBRE DE LIVRETS	MONTANT EN FRANCS
Livrets de 20 francs et au-dessous	1.095.925	8.422.125
— de 21 à 100 francs	597.244	27.521.631
— de 101 à 200 francs	301 406	39.410 032
— de 201 à 500 francs	442.383	133.310.123
— de 501 à 1,000 francs	291.440	190.356.363
— de 1,001 à 1,500 francs	242.553	280.357.637
— de 1,501 et au-dessus, mais devant être réduits	115.707	192.242.255
— de 2,000 francs et au-dessus par autorisation spéciale	981	3.401.221
	3.087.621	875.021.387

Le montant moyen des livrets était donc de 283 fr. 39.

Au 31 décembre 1899, le nombre des livrets s'élevait à 3.318,461, avec un solde créditeur de 929.454,282 francs, et le montant moyen des livrets descendait à 280 fr. 34.

La clientèle de la Caisse Nationale se répartit à peu près de la même façon que celle des Caisses ordinaires, avec cette différence, cependant, que les ouvriers, les domestiques et les militaires représentent 53 0/0 du total au lieu de 40 0/0.

En additionnant les totaux de la Caisse Nationale avec ceux des Caisses ordinaires, on obtient, pour les livrets, un chiffre global de 9.964,678 et, pour le solde dû aux déposants, une somme de 4,275,261,452 francs, et cela au 31 décembre 1898, la moyenne par livret étant de 429 francs. Au 31 décembre 1899 le nombre des livrets se trouvait porté à 10,316,674, et le solde créditeur s'élevait à 4,336,765,008 francs.

Caisses d'épargne scolaires. — L'initiateur des Caisses scolaires est un instituteur du Mans, François Dulac qui, dès 1834, s'appliqua à propager cette idée autour de lui, dans le but de familiariser de bonne heure les enfants avec la pratique de l'épargne. Il fut admirablement secondé dans cette tâche par ses collègues de l'enseignement primaire et, grâce à eux, l'épargne scolaire a eu un développement rapide en France.

Comment fonctionnent ces Caisses?

Le plus simplement du monde : Toutes les semaines, à jour et à heure fixes, le bureau s'ouvre et les bambins défilent apportant leurs petites économies. Pour chaque versement, un timbre de valeur correspondante est collé sur un carnet à souche qui reste la propriété de l'élève. Les sommes ainsi recueillies sont ensuite versées à la Caisse d'épargne, qui en inscrit le montant sur un livret au nom de l'enfant.

Les Caisses scolaires sont représentées, au Palais des Congrès, par celles de Tours, Bordeaux, Rouen, Saint-Denis, Courbevoie, Ivry-sur-Seine, Nancy, des VIIIe, XVIe, XIXe et XXe arrondissements de Paris, etc.

Les Sociétés en participation d'épargne

Le fonctionnement de ces Sociétés consiste, généralement, en l'achat en commun de valeurs à lots, à l'aide d'une cotisation mensuelle fixée par les statuts, et à répartir, au bout d'un certain nombre d'années, le capital, les intérêts et les lots gagnés, en un mot tout l'actif social, entre les ayants droit. La Société *la Fourmi*, fondée à Paris en 1879, est le type le mieux réussi de ce genre d'association; elle a, d'ailleurs, servi de modèle (1) à une foule de Sociétés similaires. Depuis 1879, elle a recueilli 27 millions, dont 17 ont été déjà remboursés. A côté d'elle, prennent place, à l'Exposition : l'*Alliance*, de Paris; la *Société mutuelle française*, de Lyon; l'*Espérance*, de Paris, etc.

Les Sociétés de secours mutuels

Nous n'avons pas, croyons-nous, à définir ici les Sociétés de secours mutuels, chacun étant fixé sur ce sujet. Cette forme d'association, qui organise la solidarité effective et continue entre ses adhérents a, depuis longtemps, conquis notre suffrage. Déjà, nous nous rangions volontairement sous sa bannière à l'âge où les soucis sont encore inconnus, où l'idée de maladie amène sur les lèvres un sceptique sourire; et, bien qu'ayant eu, jusqu'à ce jour, la chance de ne pas avoir été appelé à bénéficier des indemnités qu'elle octroie, notre opinion n'a pas changé : mutualiste nous étions, mutualiste nous restons. Nous nous hâtons, cependant, d'ajouter que nous ne voyons là nullement une des solutions de la question sociale!

(1) La *Fourmi* n'est, elle-même, que la reproduction en grand de petites combinaisons analogues qui existaient, à dater de 1871, dans quelques ateliers parisiens, notamment à l'imprimerie Dubuisson.

Nous nous bornerons donc à rappeler que les Sociétés de secours mutuels actuelles ont une lignée de respectables ancêtres remontant, s'il faut en croire les compagnons, jusqu'au XIIIe siècle, puisque, ainsi qu'il a été dit précédemment, ils prétendent avoir fondé à cette époque la première Société de ce genre sous le nom de Sainte-Anne, et composée exclusivement de menuisiers compagnons du devoir... Pendant la première moitié de ce siècle, elles étaient soumises au régime discrétionnaire de l'article 291 du Code pénal, qui exige l'autorisation administrative pour les associations comprenant plus de 20 personnes. La loi de 1851, complétée par le décret de 1852, vint consacrer leur existence légale, non sans laisser subsister encore de nombreuses restrictions. Elle fut abrogée par la loi d'avril 1898, qui les réglemente aujourd'hui, et paraît appelée, d'après les uns, à favoriser dans une large mesure le développement de la mutualité. Pour les autres, la fixation d'un maximum pour la pension de retraite (360 fr.) et l'interdiction de la toucher dans deux Sociétés à la fois, seraient plutôt une entrave à l'extension du mouvement mutualiste... Mais la possibilité qu'ont aujourd'hui les Sociétés de secours mutuels de se fédérer entre elles et de créer, si besoin est, les pharmacies nécessaires à leur fonctionnement, parviendra peut-être à faire oublier ces quelques inconvénients en leur permettant d'offrir de nouveaux avantages à leurs adhérents.

Pour donner un aperçu de la mutualité en France, voici quelques chiffres empruntés au rapport adressé, en mars 1900, au président de la République par le ministre de l'intérieur. Ils indiquent la situation de ces associations à la fin de l'année 1897 (1).

A cette date, 11,355 Sociétés fonctionnaient en France, dont 8,211 approuvées et 3,144 libres. Leur effectif était de 1,539,104 membres participants (1,201,153 pour les Sociétés approuvées et 337,951 pour les Sociétés libres) et de 265,488 membres honoraires (233,499 pour les premières et 31,989 pour les secondes), ce qui donnait un total général de 1,877,055 mutualistes. L'ensemble des recettes de ces Sociétés se montait, pour l'année 1897, à 36,672,775 francs, et leur avoir, à la fin de cet exercice, à 262,719,957 francs, dont 220,310,870 francs pour les Sociétés approuvées et 42,409,087 francs pour les autres. Le nombre des journées de maladie indemnisées, en 1897, s'est élevé à 5,879,657, ce qui donne (défalcation faite des Sociétés qui n'allouent pas de secours de maladie) une moyenne de 5,57 journées par membre participant. Pour les Sociétés approuvées, seules, les recettes de l'année se chiffraient par une somme de 27,956,415 francs, contre une dépense de 22,139,860 francs, dont 5,542,915 francs en secours pécuniaires aux malades. Plus de la moitié de ces dernières (52 0/0) joignent la retraite aux secours de maladie, et le nombre de leurs pensionnés, payés par la Caisse des Dépôts et Consignations, au 31 décembre 1897, était de 41,204, avec une pension moyenne de 74 francs. Pendant la

(1) On pourra rapprocher cette statistique de celle plus récente établie par le Ministère de l'intérieur, et que nous signalons plus loin à l'intéressante exposition faite par l'Office du Travail, sous le titre de : *Inventaire social du siècle.*

même année, les recettes des Sociétés libres se sont élevées à 8,716.360 francs, et les dépenses à 6,393,175 francs, dont 2,072,723 francs en secours pécuniaires aux malades. Parmi les Sociétés libres, 51 allouent à leurs membres des pensions de retraite; elles comptaient, en 1897, 40.662 membres participants et versaient 4,990 pensions, dont le montant atteignait 462,405 francs, soit une moyenne de 93 francs par pension.

A différentes reprises, le Parlement a voté, au bénéfice de ces associations, des indemnités sous forme d'allocations importantes. C'est ainsi qu'en 1898, l'ensemble des subventions mises à leur disposition par l'Etat s'est elevé à 2,392,116 francs, y compris les trois cinquièmes des fonds abandonnés des Caisses d'épargne à répartir, aux termes de la loi du 20 juillet 1895, entre les Sociétés de secours mutuels possédant des caisses de retraites. C'est ainsi que, sur les dépôts abandonnés dont l'origine remonte à 30 ans, la part afférente aux Sociétés de secours mutuels s'est élevée, pour l'année 1897, à la somme de 167,280 francs.

De plus, la loi de 1898 a garanti, pour les Sociétés approuvées, le taux de 4 1/2 0/0 en faveur de leurs placements à la Caisse des Dépôts et Consignations et ouvert un crédit de 900.000 francs pour parfaire la différence entre le taux de 4 1/2 et celui de 3 1/2 0/0, qui sert de base aux tarifs de la Caisse Nationale des Retraites.

Rangeons enfin, à côté des Sociétés de secours mutuels, leurs petites imitatrices : les Mutualités scolaires qui, bien que de création récente, comptent déjà près de 1,600 Sociétés groupant environ 500.000 jeunes mutualistes.

Dans le véritable régiment que forment les exposants de la classe consacrée aux institutions de prévoyance, les Sociétés de secours mutuels représentent le plus gros bataillon. Quelques-unes d'entre elles — sans pourtant vouloir prétendre remonter aux croisades, comme leur vénérable ancêtre compagnonnique — possèdent d'indiscutables quartiers de noblesse. Leurs noms seuls nous ramènent brusquement en arrière, caractérisent toute une époque et évoquent en notre esprit les premières tentatives d'association faites par les travailleurs après la tourmente révolutionnaire. Groupant les ouvriers par corporation, dans un but avoué de mutualité, elles remplirent souvent l'office de nos syndicats actuels en intervenant énergiquement pour l'amélioration ou la défense des salaires.

C'est d'abord la *Parfaite-Union*, des peintres-décorateurs, dont l'acte de naissance est daté de 1811, et qui porte en épigraphe cette grave maxime : « L'amitié met un prix à nos faibles bienfaits. » Ne comptant que sur elle-même, elle n'a jamais eu de membres honoraires, ce qui ne l'a pas empêchée de toujours faire honneur à ses affaires. Elle présente un tableau de ses recettes et dépenses par périodes de dix années, *depuis* 1811 *jusqu'à* 1899. Nombre de Sociétés plus jeunes ne pourraient étaler une comptabilité aussi scrupuleusement tenue à jour.

Les *Amis de l'Humanité*, des sculpteurs-marbriers, fut fondée en 1820; elle est aujourd'hui ouverte à toutes les corporations. Son but est de donner à ses adhérents, indépendamment de l'indemnité de maladie, un secours de vieillesse ou une pension représentant la totalité du produit du capital placé. Son principe de gestion est de ne *jamais laisser un déficit à découvert et d'augmenter le capital social* d'une somme déterminée, au moyen d'une cotisation extraordinaire, lorsqu'il y a lieu. C'est ainsi que, pour l'exercice 1899, les dépenses s'étant élevées à 25,317 fr. 05 et les recettes n'ayant produit qu'une somme de 21,326 francs, le déficit de 3,991 fr. 05 sera recouvré, en 1900, par une cotisation extraordinaire de 90 centimes par mois.

Les *Amis de la Fidélité* — laquelle fidélité est représentée par un petit caniche sur son timbre, d'aspect archaïque — vint au monde en 1824, au quartier Saint-Marcel, nous dit son état civil. Elle comptait, au 31 décembre 1899, 104 adhérents avec un avoir total de 85,945 francs. Chaque bulletin annuel porte, sous le titre de « Colonne funéraire » et avec la formule inaugurée aux débuts de la Société, la liste des membres décédés depuis la publication du dernier Bulletin.

Fondée en 1832, l'*Union des Travailleurs du Tour de France* avait surtout pour but de faire disparaître du « Tour de France » l'antagonisme existant entre les divers rites compagnonniques et aussi les tueries qui, pour un rien, se perpétraient, tantôt dans les villes, tantôt sur les routes, à la rencontre des compagnons quand ils n'appartenaient pas à la même Société. Des bureaux furent créés par elle dans différentes villes jusqu'en 1846, époque à laquelle tous ces groupes, sous l'influence des mutualistes, se soudèrent définitivement en élaborant un règlement commun. Bien que s'occupant du placement de ses membres, cette institution est surtout d'essence mutualiste. Les chiffres ci-dessous, pris dans le tableau exposé, donneront une idée de sa marche générale :

ANNÉES	CAPITAL	MÉDICAMENTS	HONORAIRES DU MÉDECIN	JOURNÉES DE MALADIE	MOUVEMENT DU PERSONNEL	PLACEMENTS ANNUELS
	fr.	fr.	fr.			
1837......	8.000	2.045	»	2.972	300	1.600
1857......	22.148	14.726	8.705	37.154	1.680	6.115
1877......	83.191	7.263	6.677	49.760	1.888	7.834
1897......	230.000	64.916	67.269	185.402	3.694	9.095
1899 (6 mois)	250.000	29.201	64.506	104.760	4.038	5.714

Le chiffre des placements, plus considérable que celui des sociétaires, tient à ce que l'Union place indistinctement ces derniers et les indépendants.

Nommer à la file toutes les Sociétés exposantes fournirait une énumération aussi longue que fastidieuse. Aussi, bornerons-nous là nos citations en en signalant seulement encore quelques-unes au hasard, telles que la *Société des Tapissiers français*, fondée en 1818; celle des *Ouvriers de Soissons* (1840); la *Société municipale de Puteaux* (1860); les *Voyageurs de Commerce de Lyon* (1864); la *Fraternité*, de Nemours; les *Cochers et Valets de Chambre*, de Bordeaux; les *Employés de la Ville d'Angers*; la

Mutualité commerciale, de Paris; les *Sociétés municipales* de plusieurs arrondissements de Paris; la *Mutualité Lorraine*, de Nancy, etc.

Nous terminerons par la *Société fraternelle des Protes de Paris* (imprimeries typographiques) qui, tout en payant des secours de maladie à ses membres, leur alloue une pension au bout de vingt ans de sociétariat et verse une indemnité aux familles des décédés. La Société n'indemnise pas le chômage, mais facilite le placement de ses adhérents. Du 1er janvier 1860 au 31 décembre 1898, les patrons ont versé comme donateurs une somme de 22,001 fr. 35. Jusqu'en 1899, les recettes se sont montées à 220,407 fr. 63, et les dépenses à 141,384 fr. 58.

A l'instar de la Société des Protes, de nombreuses Sociétés de secours mutuels ajoutent, à l'organisation du service de maladie, celui de pensions de retraites, comme la *Postale*, la *Société des Employés de la distillerie Cusenier*, etc.

La Mutualité scolaire forme un petit groupe à part et non des moins intéressants. C'est à M. Cavé que nous devons cette création. En 1881, la première Mutualité scolaire fut organisée par ses soins dans le XIXe arrondissement. Elle trouva rapidement de nombreuses imitatrices et cela — de même que pour les Caisses d'épargne scolaires — grâce à l'appui et au zèle infatigable des instituteurs et des institutrices. Généralement, le versement de l'enfant est de deux sous, dont un est déposé à son nom à capital réservé et l'autre acquis à l'œuvre et destiné à la constitution d'un fonds de réserve. Un versement spécial et annuel de 0 fr. 25 permet de pourvoir à une partie des frais occasionnés par les obsèques des jeunes sociétaires. A Paris, le nombre des élèves participants était de 3,294 en 1895, avec un capital versé de 15,695 francs. En 1899, le nombre des adhérents était monté à 24.217 et les versements accusaient un total de 107.256 francs. Nommons au hasard, parmi les Sociétés exposantes : les Mutualités scolaires de Bordeaux, Brive, La Flèche, Châlons-sur-Marne, Rouen, Paris et surtout la première de toutes, l'initiatrice : la *Société scolaire municipale de secours et de retraites du XIXe arrondissement.*

Notons, enfin la combinaison originale connue sous le nom de *réassurances*, qui permet aux mutualistes de toucher encore des secours de maladie, quand ceux alloués par leurs Sociétés sont épuisés. C'est le but que s'est proposé et qu'a atteint la *Caisse de réassurances du Syndicat des Sociétés de secours mutuels de la ville de Reims* qui, moyennant une cotisation de 0 fr. 10 par mois, continue les indemnités aux malades ayant reçu les secours réglementaires.

La *Caisse de réassurances des Sociétés du département de la Seine* a suivi la même voie et est arrivée aux mêmes résultats. Le droit d'entrée est de 0 fr. 50 et la cotisation mensuelle de 0 fr. 20. Depuis sa fondation (1886) jusqu'à ce jour, elle a soldé la somme de 66,982 fr. 20 en journées de maladies à ses ayants droit. 65 Sociétés sont adhérentes.

Les Caisses de retraites

Pas plus que les Sociétés de secours mutuels, nous n'avons besoin de définir les Caisses de retraites. Cette combinaison se trouve assurée par la Caisse Nationale des Retraites pour la Vieillesse, les Sociétés particulières, les Caisses patronales et les Compagnies d'assurances.

Créée par la loi du 19 juin 1850, modifiée par celle de juillet 1886, la Caisse Nationale des Retraites a encaissé, de 1851 à la fin de 1896, de 1,476.358 déposants, la somme de........................Fr. 1.036.172.329

Et, sous forme d'arrérages de valeurs.................... 576.669.247

Total des recettes......... 1.612.841 576

Elle a dépensé dans cette même période (dont 235,739,745 francs pour remboursements de capitaux réservés après décès et 442,330,521 francs pour rentes viagères) une somme de.. 694.027.891

Excédent.........Fr. 918.813.685

Les versements, en 1899, ont atteint la somme de 46,913,775 francs. Les versements individuels représentent seulement 2 o/o de l'ensemble, la presque totalité étant opérée non par les intéressés, mais par les administrations dont ils dépendent. Au 31 décembre de la même année, les rentes en cours s'élevaient à 34,892,854 francs pour 237,090 ayants droit, correspondant à une moyenne de 147 fr. 15. Les rentiers se divisent en 129,696 hommes et 107,394 femmes.

L'enquête faite en 1897 par l'Office du Travail, à la demande de la Commission de prévoyance et d'assurance sociales de la Chambre, nous permet de nous rendre compte de la situation générale de la classe ouvrière proprement dite au point de vue des retraites. En écartant les Caisses d'employés ou d'agents non entièrement assimilables à des ouvriers (sauf pour les transports, où il a été impossible de faire la distinction) on obtient le résumé suivant :

Participants appartenant à l'industrie privée (y compris les mines et les transports).. 461.000

Participants appartenant à des établissements de l'Etat (manufactures de l'Etat, établissements de la guerre)................. 37.000

Cantonniers de l'Etat, des départements et des communes.... 42.000

Marins du commerce et pêcheurs subissant des retenues versées à la Caisse des invalides de la marine (approximatif)........ 120.000

Total........... 660.000

Le recensement de 1891 pour l'ensemble des catégories énumérées ci-dessus donnant un chiffre global de 3,900,000 individus, la proportion des participants atteint donc 17 o/o de la population salariée correspondante.

Passons maintenant aux exposants :

La *Société de la Vieillesse*, dite des Charrons et Forgerons de la Ville de Paris, fondée en 1824, donne à ses sociétaires ayant atteint l'âge de 60 ans une rente annuelle représentant la moitié des versements effectués par eux, à la condition, toutefois, qu'ils fassent partie de la Société depuis au moins vingt années. Le nombre des cotisations, limité d'abord à une de 12 francs par an, fut porté, en 1846, à deux; depuis le 1er avril 1862, il est définitivement fixé à une, deux, trois ou quatre cotisations facultatives, entrainant un versement annuel de 12, 24, 36 ou 48 francs, ou de 1, 2, 3 ou 4 francs par mois. La moyenne des cotisations prises par chaque membre est actuellement de 3,25. Au 15 janvier 1900, le nombre des sociétaires était de 4,551 et le capital social de 1,028,578 francs. Du 1er janvier 1834 au 15 janvier 1900, le total des pensions soldées aux adhérents s'élevait à 1,824,323 fr., dont 183,086 pour l'année 1899 avec 569 pensionnaires.

Signalons encore : la *Caisse de retraites des Employés de Banque*, à Paris; l'*Avenir des Travailleurs*, de Nantes; la *Parfumerie et Savonnerie française*; la *Caisse des Commis d'agents de change*, etc., etc.

Les *Prévoyants de l'Avenir*, en délicatesse avec la loi sur les Sociétés de secours mutuels, n'ont pas pu exposer, cette année, à l'Economie sociale. Par contre, la *France Prévoyante* nous y accuse, au 31 mars 1900 : 81,900 sociétaires ayant souscrit 184,200 parts, et un capital-rentier se montant à 15,449,000 francs.

La *Prévoyante nancéienne* est la seule Société française d'encouragement à la Prévoyance, à la Mutualité et à la Retraite. Elle distribue des subventions aux mutualités nouvellement créées et paye les cotisations des mutualistes infirmes ou momentanément gênés. Elle se compose, actuellement, de 280 membres et son capital social est de 175,820 francs, en partie constitué par un don de MM. Salvay, de Bruxelles. Le revenu annuel, d'environ 6,600 francs, est presque entièrement distribué, chaque année, aux mutualistes et aux titulaires de livrets sur la Caisse Nationale des Retraites habitant le département de Meurthe-et-Moselle; mais ces subventions ne sont accordées qu'aux travailleurs qui ont moins de 365 fr. de revenu. Depuis sa création, la Prévoyante nancéienne a ainsi majoré de 30 francs toutes les pensions des mutualistes ou des titulaires de livrets de la Caisse Nationale, âgés d'au moins 65 ans et dont la retraite était inférieure à cette somme. Cette majoration représente une somme de 17,190 francs, à laquelle il convient d'ajouter 1,550 francs d'allocations aux Sociétés de secours mutuels nouvellement créées et 732 fr. 80, pour cotisations de mutualistes infirmes ou besogneux. Au total : 19,472 fr. 80.

M. Jacques Escuyer a également exposé dans cette classe le projet de loi relatif aux retraites ouvrières, dont il est l'auteur, et qui fut discuté dans un des Congrès de la Confédération générale du Travail.

Les Assurances sur la Vie

Fonctionnant en Angleterre depuis le commencement du XVIIIe siècle, l'assurance sur la vie — qui a pour but généralement, quand survient la mort de l'assuré, de procurer un capital à ses ayants droit — l'assurance sur la vie ne vit le jour en France qu'en 1787, par un arrêt du Conseil d'État du roi qui concédait pour quinze ans, à la Compagnie royale d'assurances contre l'incendie, le droit exclusif de faire des assurances sur la vie. La Révolution française survint qui étouffa dans l'œuf cette première tentative. Cette forme de la prévoyance ne conquit définitivement droit de cité chez nous qu'en 1819, par une ordonnance royale qui autorisa la Compagnie d'Assurances Générales à joindre cette branche à ses autres opérations. Depuis lors, elle y a pris un certain développement, surtout durant les trente dernières années, mais sans toutefois réussir à conquérir à son système l'ouvrier et le paysan. Les combinaisons en sont multiples : assurances en cas de décès, assurances fixes, rentes viagères immédiates, assurances à terme fixe, rentes de survie, assurances temporaires, assurances à capitaux différés, etc. Nous nous dispenserons de les expliquer, peu versé que nous sommes en la matière et en le regrettant d'autant moins que tous ceux que cela pourrait intéresser trouveront facilement les renseignements nécessaires dans les nombreux prospectus que les Compagnies mettent obligeamment à la disposition du public.

En 1898, le total des capitaux assurés par les Compagnies s'élevait à l'imposante somme de 3.905,067,486 francs, avec 522,066 polices en cours. Pour cette seule année, le montant des primes encaissées atteignait 105.522,818 francs.

Nous empruntons à l'exposition de la Direction du Travail (*Inventaire social du siècle*) ces quelques chiffres qui donnent une idée du développement de l'assurance sur la vie en France dans ces derniers temps :

	RENTES EN COURS	CAPITAUX ASSURÉS
1870.......... Fr.	18.000.000	970 000.000
1880..........	25.000.000	2.100.000.000
1890..........	42.000.000	3.120.000.000
1898..........	75.000.000	3.570.000.000

Le 1er juillet 1868, une loi instituait, en France, la Caisse d'assurances en cas de décès. Depuis son origine jusqu'au 31 décembre 1898, ses opérations se montaient, pour les assurances individuelles, à 4,851,769 francs de capitaux assurés et, pour les assurances collectives, à 2,218,824 francs de capitaux remboursés aux Sociétés de secours mutuels. Pour l'année 1898, le total des primes encaissées a été de 165,977 francs et celui des remboursements de 127,741 francs, résultats plus que médiocres si on les compare à ceux obtenus par les Compagnies d'assurances.

Les Compagnies exposantes sont : l'*Union*, l'*Urbaine*, la *Nationale*, la *Compagnie d'Assurances Générales*, etc., qui, à l'aide de tableaux, relatent le développement de leurs opérations.

C'est surtout dans ce coin du Palais des Congrès que les chiffres ont une véritable éloquence. On en peut juger par les suivants que nous empruntons à la *Compagnie d'Assurances Générale sur la Vie*.

Les capitaux souscrits pendant la première période décennale de la Société, de 1819 à 1829, n'avaient été que de 18,019,468 francs, tandis qu'ils s'élevèrent à 337,238,276 francs pour la période correspondante de 1860 à 1869; les rentes viagères, constituées aux mêmes époques, passèrent de 606,217 francs à 6,408,949 francs. Au 31 décembre 1899, les capitaux assurés en cours étaient de 868,488.310 francs, représentés par 105,776 polices, avec un fonds de réserve de 702,574,590 francs. Le montant des rentes viagères en cours accusait, à la même date, un total de 38,627,164 francs, avec 43,171 contrats. Le fonds de garantie de la Compagnie, a suivi la même marche progressive. Lors de sa fondation, en 1819, il ne se composait que du capital social, de.............................. Fr. 3.000.000

Il s'élevait, en 1860, à..................................	34.341.968
— en 1870, à..................................	94.471.033
— en 1880, à..................................	217.091.973
— en 1890, à..................................	434.000.113
— au 31 décembre 1899, à......................	734.462.978

Les valeurs et immeubles qui ont servi à établir ce dernier chiffre, sont comptés, non à leur valeur actuelle, mais seulement à leur prix de revient ou d'achat et sans tenir compte de la plus-value qui, rien que pour les valeurs en portefeuille, est de près de 100 millions.

Comme on le voit, l'assurance sur la vie n'est pas un trop mauvais commerce; aussi les actions de la Compagnie dont nous venons de parler valent-elles aujourd'hui près de 30,000 francs.

La *Nationale-Vie* n'est pas moins prospère : son dernier bilan accuse une plus-value de 88 millions, pour un capital social de 15 millions. En y ajoutant les réserves statutaires on obtient un total de 141 millions, propriété exclusive des actionnaires; mais qui sont néanmoins, pour les assurés, une garantie supplémentaire venant s'ajouter aux 408 millions de réserves spéciales pour assurances en cours. Le total des capitaux assurés s'élevait, en 1898, à 685,772,748 francs et les rentes en cours à 17,496.763 francs.

Les Sociétés mutuelles d'assurances sur la vie ont, sur les Compagnies par actions (tout en offrant les mêmes garanties), cette supériorité d'attribuer à leurs assurés la totalité des bénéfices réalisés, alors que, dans ces dernières, les actionnaires ont droit à la moitié des bénéfices des assurances avec participation et gardent tous les bénéfices des autres genres d'assurances.

Parmi cette catégorie se range la *Mutuelle Nationale*, fondée à Lyon en 1895, qui expose son mode de fonctionnement, ainsi que le tableau des souscriptions réalisées depuis sa création :

		francs
Résultats au 31 décembre	1896	1.617.000
— —	1897	5.100.000
— —	1898	14.283.000
— —	1899	29.880.000
Totaux généraux au 30 juin	1900	40.986.000

Les fonds des sociétaires sont immédiatement convertis en titres garantis par l'État et déposés à la Banque de France. De plus, la Société est soumise à un contrôle permanent des inspecteurs des finances et d'une Commission spéciale nommée par le gouvernement. Tous les six mois, le *Journal officiel* publie les états de situation de la Société.

Institutions patronales

Après les Sociétés de secours mutuels, les institutions patronales forment le groupe le plus important de la classe 109, et comprennent toutes les combinaisons instituées par les industriels pour venir en aide, directement ou indirectement, au personnel employé par eux. Elles vont depuis la participation aux bénéfices jusqu'aux encouragements à l'épargne. Ce sont aussi les secours aux familles nombreuses, aux malades, aux vieillards et aux femmes en couches ; les subventions aux Sociétés de secours mutuels, aux fanfares et orphéons ; les primes à l'ancienneté ; les soins médicaux ; les indemnités de loyers ; la création de pensions de retraites ; les allocations funéraires ; les œuvres de moralisation, etc.

Une enquête de l'Office du Travail, déjà citée plus haut, a révélé l'existence, en 1897, de 229 établissements possédant une caisse de retraites, avec 115,896 participants. Le nombre total des établissements inspectés étant de 296,797 et celui des ouvriers et ouvrières employés de 2.673,000, cela donne une proportion de 0,8 o/o pour les établissements et de 4,35 o/o de participants par rapport à l'effectif total. L'État figure dans ces chiffres pour 17,240 ouvriers et ouvrières de ses manufactures qui sont pourvues, par les soins de l'administration, de livrets individuels de la Caisse Nationale des Retraites.

On remarque encore, dans le groupe des exposants, les grandes *Compagnies de chemins de fer*, les *Magasins du Bon Marché*, l'*Usine de Saint-Gobain*, les *Houillères de Bessèges*, l'*Imprimerie Chaix*, la maison *Moët et Chandon*, les *Magasins du Louvre*, les *Usines de Varangeville-Dombasle*, les *Mines de Lens*, l'*Imprimerie Gounouilhou* (de Bordeaux), le *Canal de Suez*, les *Chemins de fer de l'État*, les *Filatures Waddington et Cie*, la Société *Tassart-Balas-Barbas*, etc., sans oublier les LIBÉRALITÉS de M. Schneider.

INSTITUTIONS
POUR LE DÉVELOPPEMENT INTELLECTUEL
ET MORAL DES OUVRIERS

Sous ce titre, viennent se grouper une foule de Sociétés et d'œuvres diverses dont certaines, semble-t-il, seraient quelque peu embarrassées de le justifier. On ne voit point trop, par exemple, de quelle façon la *Compagnie des Chevaliers tireurs*, de Chambéry, peut arriver à développer l'intelligence des ouvriers ni comment son influence peut se faire sentir au bénéfice de leur moralité. Bien que vieillie sous le harnois, puisqu'elle fut fondée en l'an de grâce 1509 (par lettres patentes du duc Charles III, paraît-il), ses longs et loyaux états de service ne nous sont pas une recommandation suffisante et, malgré toute notre bonne volonté, nous ne pouvons découvrir les raisons qui l'ont fait admettre dans cette classe de l'Économie sociale. Le fait de sacrer tous les ans *roi des carabiniers* le premier des tireurs de la Compagnie et de l'élever à la dignité d'*empereur* s'il réussit à conserver sa royauté trois années consécutives, ne nous semble guère constituer un moyen très puissant d'élargir l'intellect des travailleurs savoisiens... à moins que le tir à l'arbalète n'ait des secrets qui nous échappent. Seuls nos camarades de Chambéry, sur qui l'action de cette Société s'exerce depuis bientôt quatre siècles, pourraient nous fixer à ce sujet.

Heureusement qu'à côté de l'arbre généalogique des rois de l'arquebuse et de l'arc et aussi de celui des empereurs de la carabine et de l'arbalète, des choses plus sérieuses sollicitent notre attention, sans quoi, pour nous tout au moins, la classe 108 manquerait totalement d'intérêt. Sont notamment de ce nombre les Patronages et les Cercles, les Œuvres catholiques ou protestantes, les Sociétés d'éducation et les Bibliothèques populaires, les Sociétés de tempérance.

Les Patronages

Les patronages, dont l'origine remonte à 1843 (1), ont généralement un caractère religieux. Au sortir de l'école, ils prennent l'enfant des mains

---

(1) La statistique citée plus haut (Protection de l'enfance ouvrière), et qui fut établie à l'aide des réponses faites au questionnaire adressé à ces institutions par l'Office central des Œuvres de bienfaisance, part de l'année 1801, mais comprend indistinctement des orphelinats et des patronages proprement dits. Il faut arriver vers la moitié du XIXe siècle pour voir se constituer les patronages tels que nous les comprenons aujourd'hui

des congréganistes et le maintiennent dans le giron de l'Eglise jusqu'à son départ pour le régiment. Une fois son service militaire achevé, le jeune homme est versé dans les cercles catholiques d'ouvriers. Le but de ces associations est ainsi défini par la *Commission centrale des Patronages et Œuvres de jeunesse de France :* « Assurer aux adolescents (filles et garçons) sortis des écoles officielles ou privées ou qui n'ont fréquenté aucune école : 1° l'éducation morale et intellectuelle nécessaire à l'accomplissement des devoirs envers Dieu, la patrie et la famille; 2° le perfectionnement professionnel ; 3° l'initiation aux institutions de prévoyance, de mutualité et de charité; 4° le développement physique. » La Commission centrale est en relation, en France, avec 2,351 patronages et œuvres de jeunesse de garçons, 1,817 patronages et œuvres de jeunesse de filles, 32,674 groupes divers d'éducation populaire, soit 36,842 œuvres représentant une population de près de 4.000.000 d'habitants. Comme on voit, l'organisation de la jeunesse, qui fut toujours une des plus grandes préoccupations du clergé, est aujourd'hui très sérieuse. Elle se complète d'une manière ingénieuse par l'institution des cercles catholiques d'ouvriers dont nous parlerons ci-après.

Dans cet ordre d'idées, la propagande cléricale prend parfois des aspects laïques, des airs bon enfant qui font qu'involontairement plus d'un doit s'y laisser prendre. Nous n'en voulons pour preuve que l'*Union sociale de Charonne* que nous trouvons parmi les exposants de la classe 108 et à laquelle le jury a décerné une médaille d'argent au nom de la République française.

Quand nous cherchâmes. dans cette même classe, la contre-partie laïque de l'organisation religieuse de la jeunesse, nous fûmes un moment tenté d'y signaler l'Union sociale de Charonne, tant le bloc est bien enfariné, — et ce, sur la lecture hâtive du petit fascicule mis obligeamment à la disposition du public. Pas un mot de religion dans les huit pages qu'il comporte. Seul, le mot « Œuvre ». que l'on trouve accolé à presque tous les titres des institutions confessionnelles, pouvait faire naître quelques doutes.

Suivant les statuts, que nous citons, l'Union sociale est une œuvre de moralisation et de pacification qui a pour but « la mise en pratique de cette vérité : que le rapprochement des classes s'accomplira mieux encore par la main tendue que par la bourse ouverte ». Pour cela, elle veut amener l'homme du monde à s'occuper directement et personnellement de l'ouvrier, afin de dissiper *les préjugés qui les séparent* trop souvent. Comme premier moyen d'action, elle reçoit les enfants des écoles laïques le jeudi, le dimanche et les jours fériés, afin de les soustraire aux dangers de la rue et aider leurs parents dans la tâche si difficile de l'éducation. Par l'intermédiaire des enfants (nous citons toujours) des relations amicales s'établissent tout naturellement *avec les familles*, et ainsi se crée, entre les diverses classes de la société, une véritable communauté d'existence...

Dans cette institution, les garçons sont placés sous le contrôle d'un directeur et les filles sous celui d'une directrice. Ces deux personnes sont elles-mêmes sous l'autorité immédiate du directeur général qui réside au siège de l'œuvre. Ce dernier a la responsabilité de tous les services et centralise *tous les renseignements concernant les enfants et* LEURS FAMILLES (art. 11 des statuts). De plus, il a seul le droit de déléguer des visiteurs chez les parents des enfants et de proposer des modifications au règlement intérieur de l'œuvre.

L'organisation interne de l'Union sociale est des plus strictes et une discipline absolue est imposée à chacun de ses membres.

Dans le doute sur le véritable caractère de cette œuvre et surtout pour éviter, autant que possible, de commettre des erreurs, nous demandâmes des renseignements. Bien nous en prit.

L'Union sociale de Charonne est une œuvre confessionnelle par excellence, dirigée par des laïques, il est vrai, mais derrière lesquels se cachent les R. P. du Perpétuel secours. Les enfants qu'on y reçoit, sous prétexte de jeux et de distractions, ne sont que le moyen destiné à faciliter la pénétration dans les familles, où, sous couleur de bienfaisance, on travaille à un véritable embrigadement. C'est là la propagande cléricale nouveau jeu avec des laïques en vedette et des religieux derrière. Le théâtre préféré de l'Union est, cela va de soi, l'église flamande située en face. Comme histoire, elle est fille de l'Union de Popincourt, dont le siège est au boulevard Ménilmontant. Il est, du reste, fort probable que d'autres imitations du même genre doivent exister dans nombre de quartiers de Paris...

Une carte des *Patronages du diocèse de Paris*, qui est exposée, comprend 176 patronages, dont 121 pour Paris et 55 pour la banlieue.

Sous la bannière tutélaire de la Commission centrale des patronages, vient s'aligner tout un chapelet de patronages coulés dans le même moule, tels que le *Patronage de Notre-Dame Auxiliatrice*, le *Patronage de Notre-Dame des Anges*, d'Autun, le *Patronage de Saint-Joseph*, l'*Œuvre des Patronages de Saint-Vincent de Paul*, l'*Œuvre de placement des Apprentis catholiques*, l'*Œuvre catholique internationale de la protection de la jeune fille*, etc., etc.

Nous rangerons à leurs côtés deux ou trois syndicats confessionnels, qui ont fui la promiscuité des syndicats ouvriers réunis à la classe 103 et sont venus chercher un tranquille abri dans cet onctueux milieu : le *Syndicat mixte de l'Aiguille*, de Paris; le *Syndicat de l'Aiguille*, de Cherbourg; le *Syndicat des journalistes, écrivains et publicistes catholiques*.

En face de cette espèce de prise de possession de la jeunesse par les gens d'église, un mouvement de réaction semble vouloir se dessiner, en France. Les patronages laïques, qui fonctionnent à Paris et dans les grandes villes de province, tendent à se généraliser de plus en plus. Malheureusement, les bonnes volontés ne correspondent pas toujours à l'effort considérable qui serait à tenter. Et comme l'argent — qui fait le plus souvent défaut dans cette affaire — est le meilleur moyen de propagande et la condition indispensable du succès, nous ne voyons pas pourquoi les municipalités républicaines n'inscriraient pas, dans leur budget, les crédits nécessaires à la fondation et à l'entretien de patronages laïques. Ce serait faire un bon placement, en même temps qu'une besogne utile.

Tous les efforts faits dans ce sens ont été couronnés du plus grand succès. Bien que possédant un budget des plus restreints (400,000 francs de recettes), les patronages laïques n'en sont pas moins arrivés aujourd'hui à grouper plus de 60,000 enfants. Les chiffres suivants donnent une idée de leur rapide développement. En 1894-95, le nombre des patronages n'était que de 34 seulement ; il s'élevait à 408 en 1895-96, pour atteindre 648 en 1896-97, 809 en 1897-98, 986 en 1898-99, et 1005 en 1899-1900. Une Fédération vient de se constituer pour les relier entre eux et augmenter leurs moyens d'action. Cette nouvelle institution, si elle est bien et vigoureusement dirigée, pourra rendre de nombreux et importants services en accélérant encore la création de nouveaux patronages.

Citons, parmi les exposants, outre ceux déjà nommés à la *Protection de l'Enfance ouvrière*, le *Patronage des Ecoles laïques du VIIe canton de Bordeaux*, le *Patronage laïque d'Apprentis et de Jeunes Employés du XXe arrondissement*, le *patronage municipal du VIe arrondissement, le Patronage Maria Deraisme*, pour jeunes filles; la *Société républicaine du IIe arrondissement*, qui, en dehors du patronage, a organisé l'assistance par le travail, un service de prêt gratuit, des soupes populaires, une bibliothèque, etc.; nombre d'*Associations amicales* d'anciens élèves d'écoles laïques, et l'*Union fédérale des Anciens élèves des écoles laïques*. Nommons aussi la *Société amicale des Anciens élèves de l'Association polytechnique* et celle des *Anciens élèves du Lycée Charlemagne*. Cette dernière, pour vingt-deux années d'existence, traduit son bilan par les chiffres ci-après :

	FRANCS
Secours et prêts	93.200 55
Bourses	13.786 50
Prix et médailles	8.669 30
Capital réservé	82.635 »

Les Œuvres religieuses

Entre les patronages et les cercles d'ouvriers, nous pourrons intercaler ce que l'on désigne du nom vague d'*œuvres religieuses*, nom qui sert à masquer, très souvent, la mise en coupe réglée de la misère et l'exploitation la plus éhontée de l'enfance. Un procès récent a mis à nu tous les abus qui se commettent sous le voile de cette hypocrite philanthropie, et l'écho des démêlés de l'évêque de Nancy avec les religieuses du Bon Pasteur tinte encore à nos oreilles. Dans le but affiché de protéger la jeunesse et de la mettre en état de gagner sa vie, on la pressure au delà du possible, on lui fait rendre tout ce qu'elle peut donner à l'aide d'une extrême division du travail. En la faisant travailler pour rien, on porte en même temps, aux salaires des ouvriers et des ouvrières de l'industrie, un coup dont ils parviennent rarement à se relever.

En 1899, d'après un rapport officiel, le nombre des établissements de bienfaisance soumis à l'inspection de la loi de 1892 était de 1,573, dans lesquels 20,000 enfants étaient âgés de moins de douze ans, 900 de douze à treize ans, 17,500 de treize à seize ans, 11,500 de seize à dix-huit ans, et 8,000 de dix-huit à vingt et un ans, soit un total de près de 60,000 enfants recrutés, pour la plupart, dans des familles où les moyens d'existence sont des plus aléatoires. La façon d'opérer est d'ailleurs très simple. On fait signer aux parents un engagement d'après lequel l'Œuvre s'engage à nourrir, à entretenir et à apprendre un métier au garçon ou à la jeune fille qui lui est confié, mais à la condition qu'il reste entre leurs mains jusqu'à l'âge de quinze ou seize ans, le plus souvent jusqu'à sa majorité. Un dédit est stipulé en faveur de l'Œuvre, s'il prenait fantaisie aux parents de rompre le contrat.

Nous empruntons à la *Fronde* ces lignes suggestives, qui démontrent jusqu'à quel point est poussée l'exploitation de l'enfance par ces généreux philanthropes :

Tout récemment, un inspecteur des enfants assistés nous racontait que des enfants de quatre, cinq et six ans, qui ne pouvaient matériellement pas être employés à des travaux de couture ou autres dans un établissement charitable, étaient employés une partie de leur journée, pour ne pas dire toute la journée, à froisser des étoffes neuves, lesquelles devaient passer ensuite entre des mains plus habiles pour revêtir les formes les plus diverses. Ou encore que, dans une maison où l'on fabrique de la dentelle on n'apprenait qu'un seul point aux enfants, les mettant ainsi dans l'impossibilité, au jour de leur majorité, de faire des ouvrières capables de gagner quoi que ce soit, en faisant concurrence à l'œuvre hospitalière.

Voilà pourtant ce qu'on appelle travailler au développement intellectuel et moral des ouvriers !...

D'autre part, un ami nous signale, non loin de Paris, en Seine-et-Marne, l'existence d'un pensionnat de sœurs qui reçoit des petites pensionnaires orphelines ou filles de parents pauvres. Comme on ne peut les garder toute la sainte journée à ne rien faire, on en envoie un certain nombre, chaque matin, apprendre la typographie dans la maison X..., où, comme le reste de leurs camarades, elles sont rétribuées de façon dérisoire. Pour accélérer davantage leur travail, une prime est accordée à la surproduction. Nous doutons fort que l'apprentissage ainsi pratiqué soit très onéreux pour le patron philanthrope qui tend une main aussi miséricordieuse aux pauvres petites orphelines.

Voici, pour ceux qui auraient encore quelques doutes sur la façon de procéder de la plupart de ces charitables institutions, des extraits d'une circulaire mise gracieusement à la disposition des visiteurs de la classe 108, par l'*Orphelinat des Religieuses Franciscaines du Sacré-Cœur*, de Buers-Villeurbanne (Rhône) :

Les religieuses Franciscaines du Sacré-Cœur reçoivent dans leur Etablissement non seulement les orphelines, mais encore les enfants des familles dénuée des biens de la fortune, dont les parents se trouvent dans l'impossibilité de nourrir et d'élever ces pauvres petites créatures du bon Dieu.

Ce bienfait (!) n'est point local seulement; on admet dans l'Etablissement les jeunes filles venant de tous les départements de France.

Les enfants sont admises gratuitement, depuis l'âge de cinq ans révolus, et elles doivent rester dans l'Etablissement jusqu'à l'âge de vingt et un ans accomplis. *Les parents ou tuteurs doivent signer un engagement par lequel ils consentent à laisser leurs enfants ou pupilles dans l'Etablissement jusqu'à l'âge fixé ci-dessus...*

... L'Etablissement se charge de fournir aux enfants le lit et tout le linge nécessaire pendant leur séjour à la Maison. Les parents, tuteurs ou bienfaiteurs des enfants *sont invités a offrir une aumône proportionnée à leurs moyens*; mais rien n'est absolument exigé.

Jusqu'à l'âge de treize ans, les enfants suivent les cours des classes de la Maison. De treize à vingt-cinq ans, les enfants sont occupées dans nos Ouvroirs, qui comprennent : 1° couture, lingerie, trousseaux, layettes, broderies, etc.; 2° blanchissage, raccommodage et repassage du linge, gros et fin: 3° chapeaux de paille, couture et garnissage: 4° corsets pour dames et enfants; 5° tricotage des bas à la machine.

De vingt à vingt et un ans, on donne à toutes les jeunes filles des leçons de tenue de ménage, de cuisine, d'agriculture et de tout ce que doit savoir une jeune fille *pour se placer* (soit à la ville, soit à la campagne), *comme femme de chambre, cuisinière et bonne à tout faire.*

A sa sortie de l'Etablissement, chaque jeune fille reçoit un trousseau. On lui remet également un livret de caisse d'épargne d'une valeur de 100 *francs*, et on lui paie les frais de son voyage, si elle doit rejoindre sa famille.

Arrivée à l'âge de vingt et un ans accomplis, la jeune fille qui désire prolonger son séjour dans l'Etablissement, peut s'engager pour une ou plusieurs années. Dans ce cas, elle est logée, nourrie et vêtue comme par le passé; et, à la fin de chaque année, on ajoute une somme de 120 *francs* à son livret de caisse d'épargne.

Cet engagement doit être passé pour une année entière, et peut se renouveler autant de fois que la jeune fille le désire...

Comprenne qui voudra, étant donné que l'on a enseigné à la jeune fille un des métiers énoncés dans la circulaire, qu'il soit nécessaire de lui inculquer les notions indispensables pour faire une femme de chambre ou une bonne à tout faire au sortir de l'orphelinat!...

Citons encore l'*Œuvre générale des Ecoles professionnelles catholiques de jeunes filles*, qui fonctionne sous le patronage de l'archevêque de Paris et possède vingt-deux écoles dans Paris, dirigées par des religieuses. Toutes sortes de travaux sont exécutés dans ces établissements.

Plusieurs de ces institutions, dans de spacieuses vitrines, étalent, notamment à Vincennes, les produits de leurs ateliers. La *Congrégation du Cœur immaculé de Marie*, de Saint-Loup-d'Anjou, expose des chefs-d'œuvre professionnels; la *Compagnie des Filles de charité de Saint-Vincent de Paul* et la *Congrégation des Sœurs de Saint-Joseph* présentent des travaux manuels. Quant à la célèbre *Œuvre du Bon Pasteur*, elle exhibe au public des travaux de lingerie, des trousseaux, des layettes et du linge d'autel.

Quand donc le prolétariat sera-t-il assez puissamment organisé pour être en mesure de faire disparaitre cette honteuse exploitation de l'enfance ouvrière et de mettre un terme à tous ces abus?...

Les Cercles

Ici s'épanouissent, avec une certaine ostentation, une nuée de groupements confessionnels, tant catholiques que protestants.

L'Œuvre des Cercles catholiques d'Ouvriers, fondée en 1871 par MM. le comte de Mun et le marquis de la Tour du Pin, y tient, sans contredit, la première place. Une grande carte murale, marquant les villes où fonctionnent les Cercles, nous montre les progrès considérables faits par les cléricaux dans l'embrigadement méthodique des travailleurs. Après s'être exercée sur les ouvriers des villes, leur action s'est portée sur les campagnes, où ils ont établi des Cercles ruraux et des Syndicats agricoles catholiques.

Les chiffres suivants nous donneront une idée suffisamment exacte du développement progressif de l'Œuvre des Cercles catholiques qui comprend aujourd'hui :

418 Cercles (60,000 membres);
136 Syndicats agricoles (47,400 membres);
37 Associations de Sainte-Anne, mères chrétiennes (5,920 membres);
40 Syndicats de l'Aiguille (5,000 membres);
24 Secrétariats du peuple (25,000 services rendus).

En tout 655 groupes exerçant leur influence sur 143,320 individus.

Nous pensons qu'il n'est peut-être pas inutile, avant que les documents qui garnissent le Palais des Congrès ne s'éparpillent aux quatre coins du monde d'où ils sont venus, de consigner quelques-uns d'entre eux dans ce rapport. Parmi les plus intéressants, nous n'aurions garde d'oublier les « Principes fondamentaux de l'Œuvre des Cercles catholiques » et nous les reproduisons tels qu'ils sont affichés dans la salle du premier étage, persuadé que l'occasion nous sera plus d'une fois offerte de les commenter.

Les voici :

Principes fondamentaux de l'Œuvre des Cercles catholiques

Idée dominante : Le dévouement des classes élevées envers les classes ouvrières.

But final : L'ordre social chrétien, ainsi défini : « L'accord du droit naturel et du droit divin révélé, manifesté dans les lois, les mœurs, les institutions et le gouvernement de la Société. »

A. — Régime du travail

1° Le travail considéré avant tout comme acte humain et non simplement comme *marchandise;*

2° Le respect de la justice dans les contrats dominant la loi de *l'offre et de la demande.*

3° La conciliation respective des droits du patron et de l'ouvrier assurés,
Par l'organisation corporative,
a) Conférant à la corporation :
1° La personnalité civile; 2° la propriété; 3° la juridiction; 4° la représentation professionnelle politique.
b) Garantissant à l'ouvrier :
Le juste salaire et ses compléments nécessaires pour : 1° la vie familiale; 2° l'assurance contre les accidents, la maladie, la vieillesse, le chômage; 3° la possibilité de l'épargne et de l'acquisition de la propriété.
Et, en attendant que l'organisation corporative soit complète :
4° La législation sociale, *garantie par des accords internationaux*,
a) Protégeant le patron contre : 1° les excès de la concurrence; 2° l'anarchie révolutionnaire;
b) Protégeant l'ouvrier contre : 1° le travail du dimanche; 2° l'excès de la durée de travail; 3° l'abus du travail des femmes et des enfants, notamment le travail de nuit.

B. — RÉGIME DE LA PROPRIÉTÉ.

1° Propriété individuelle : droit naturel et garantie d'ordre social.
Propriété du sol : Aliment d'activité.
Bien de famille : Essentiel à la durée de la famille,
Doit être protégé contre le morcellement indéfini.
2° Propriété collective : parallèlement à la propriété individuelle.
a) Biens d'église : Garantie de la liberté religieuse.
b) Domaine de l'État : Public et privé;
Nécessité sociale.
Condition de la justice de l'impôt : Autorité compétente pour le fixer;
Motifs légitimes;
Equitable proportion.
c) Domaines des collectivités sociales : La commune.
La corporation.

C. — RÉGIME DU CRÉDIT

1° Répression de l'usure et de l'agiotage;
2° Crédit populaire établi sur les bases de la justice.

Bien qu'un peu long, ce document valait la peine d'être cité. Il constitue aujourd'hui la charte des Cercles catholiques d'ouvriers et tous — du moins nous le supposons — s'attachent à faire prévaloir les principes qui y sont énoncés.

Au milieu de ces nombreux groupes, de toutes ces associations, noyau de la démocratie chrétienne, il nous semble voir apparaitre la silhouette du combatif abbé Garnier, le fondateur de l'Union nationale, qui cultive avec autant de succès la chaire des églises et la tribune des réunions publiques, car il fut un de ceux qui militèrent le plus pour la création de ces institutions. Aussi, quand nous songeons à la part active qu'il prit à leur organisation, comprenons-nous mieux le but final des Cercles catholiques : « l'ordre social chrétien », surtout si nous nous rappelons la lettre qu'il adressait, un peu avant les élections municipales, aux défenseurs de l'autel pour leur demander des subsides (1).

(1) Lettre publiée par la *Petite République* du 28 mai 1900.

Après avoir énuméré les résultats obtenus aux élections législatives de 1898, il ajoutait :

> Notre œuvre a travaillé dans toute la France comme à Paris. Partout, elle a fait un bien réel, contribué à obtenir des succès incontestés. Mais, hélas! elle n'a pas assez de ressources pour obtenir une victoire complète...
>
> De tous côtés nous travaillons énergiquement, mais nous le faisons *avec prudence et modestie*, pour éviter les inconvénients qui sont arrivés à plusieurs œuvres semblables à la nôtre. Et c'est bien à cette prudence que nous devons d'avoir pu continuer notre action et même l'augmenter tous les jours sans être inquiétés...

Quel admirable point d'appui doivent être pour le bouillant abbé les 655 groupes composant l'Œuvre des Cercles catholiques, notamment les 136 Syndicats agricoles et les 418 Cercles catholiques d'ouvriers!

Nous comprenons mieux aussi le *juste salaire* et ses compléments nécessaires pour la vie familiale et la possibilité de l'épargne quand nous voyons les jeunes pensionnaires du R. P. Dom Bosco aller supplanter nos camarades, pères de famille, employés depuis de longues années dans les ateliers de M. Reboux, l'imprimeur catholique de Roubaix! Du reste, l'abbé Garnier lui-même a, sur le *juste salaire*, des idées qui ne sont pas les nôtres : nous avons été à même de les apprécier lorsqu'il dirigeait le *Peuple français*.

En résumé, Cercles et Syndicats catholiques se tiennent et font la même besogne. Créés par l'Eglise, ils en demeurent les passifs instruments. Leur but ne saurait être le nôtre et, qu'on le veuille ou non, nous les aurons toujours contre nous.

A côté de l'Œuvre des Cercles catholiques, l'un des Cercles adhérents expose en particulier. C'est celui des *Maçons et Tailleurs de pierres*, de Paris, fondé en 1867 par le R. P. Montazeau, de la Compagnie de Jésus. La direction en appartient à un comité général et à un prêtre directeur. Ce comité est composé d'architectes, d'ingénieurs, d'entrepreneurs et d'autres personnes appartenant à l'œuvre. Les ouvriers sont régis par un Conseil pris parmi eux, renouvelable par tiers chaque année et qui assiste le directeur dans l'administration intérieure du Cercle. Cette association a contribué à la formation du Syndicat libre des menuisiers.

Le jury de la classe 108 a demandé et obtenu, pour l'œuvre des Cercles catholiques, un grand-prix, et, pour le Cercle des Maçons et Tailleurs de pierre, une médaille d'or. Il s'est, d'ailleurs, montré très prodigue de récompenses pour toutes les institutions confessionnelles.

Dans un pavillon spécial, situé au bord du lac, à l'annexe de Vincennes, un salon d'honneur a été aménagé qui contient une exposition complémentaire des Œuvres sociales catholiques.

L'*Alliance des Unions chrétiennes de jeunes gens* est une œuvre protestante, accueillant néanmoins les jeunes adultes sans distinction de croyance. Elle a pour but d'étendre « l'œuvre d'évangélisation parmi ceux que les tentations multiples éloignent du Christ ». Les premières Unions furent fondées en France en 1852. On en comptait 41 en 1855 avec 450 membres environ ; cette année, le nombre en est porté à 90 avec 4,600 membres. A l'Exposition de 1889, figuraient les travaux de 70 Unions, groupant 1,240 adhérents.

L'*Alliance nationale des Unions chrétiennes de jeunes filles de France* est, elle aussi, basée sur l'Evangile en dehors duquel elle ne croit pas qu'il y ait d'action morale féconde et durable. Elle compte, aujourd'hui, 350 Unions, avec 7,000 jeunes filles recrutées dans toutes les classes de la société.

Bien du chemin reste encore à parcourir par ces associations protestantes avant d'avoir atteint le niveau où en sont leurs remuantes concurrentes catholiques....

Citons encore, au nombre des exposants : le *Cercle des Etudiants protestants de Paris*, le *Cercle catholique des Etudiants de Paris*, le *Cercle catholique d'ouvriers de Vaugirard*, le *Cercle Saint-Joseph*, le *Cercle des Patronages chrétiens de Châtellerault*, les *Cercles du diocèse de Châlons*, etc.

L'Éducation populaire

Avant de passer à l'éducation populaire et laïque en France, liquidons l'exposition catholique de la classe 108, par deux citations qui finiront d'esquisser la physionomie de la puissante organisation à l'aide de laquelle les cléricaux essaient de prendre la jeunesse de notre pays comme dans les mailles d'un immense filet.

C'est d'abord l'*Institut des Frères des Ecoles chrétiennes* qui, comme l'indique son titre, « fut fondé en 1680 pour l'éducation chrétienne et la formation professionnelle des enfants de la *classe ouvrière* ». Au 1er janvier 1900, l'Institut dirige 2,009 écoles comprenant 8,230 classes, donne l'instruction à 350,000 enfants et jeunes gens, élève dans ses établissements 8,000 orphelins, réunit 32,572 jeunes gens dans ses patronages, groupe 21,000 anciens élèves dans les associations, reçoit 3,000 jeunes gens dans ses maisons de famille et exerce son action sur 400,000 jeunes gens ou enfants dont 280,000 en France et 120,000 à l'étranger...

Au nom de la République française, qui a eu le grand honneur d'organiser l'enseignement laïque pour tous ceux qui le désirent, le jury a décerné à l'Institut des Frères de hautes et nombreuses récompenses.

L'*Œuvre de Saint-Nicolas*, dont la création remonte à 1827, a pour but, elle aussi, de recueillir les jeunes gens de la classe ouvrière, de leur donner, avec une éducation religieuse, une instruction primaire et professionnelle, et de continuer à exercer un patronage officieux sur ses pupilles, même après leur sortie de l'Œuvre. Elle possède actuellement quatre établissements. A Paris, la section industrielle, qui reçoit de 260 à 270 élèves répartis dans quatorze ateliers, pratique un enseignement professionnel comprenant la mécanique et l'électricité, la typographie, la reliure, la gravure, la lithographie, l'ébénisterie, la sculpture, la mécanique de précision, la ciselure sur métaux, le jardinage, etc. Le nombre des enfants sortis de Saint-Nicolas s'élève aujourd'hui à plus de 35,000.

De son côté, l'*Œuvre de Dom Bosco* est destinée à l'éducation de la jeunesse pauvre et abandonnée. Depuis sa fondation (1845), les « Salésiens » ont fourni plus de 6,000 prêtres à l'Eglise et plus de 300,000 enfants ont été recueillis et élevés dans leurs maisons, au nombre de 26 en France. A Paris, 29, rue du Retrait-Ménilmontant, est installée l'école professionnelle comprenant huit corps de métiers. Cette association, qui a de nombreuses ramifications à l'étranger, a débuté en France, à Nice, en 1875, par la fondation d'un orphelinat, suivi bientôt d'un autre à Marseille, en 1878. Aujourd'hui, elle possède chez nous 28 établissements fonctionnant pour *le plus grand bien* de l'éducation de la jeunesse pauvre et abandonnée. Cette éducation se fait généralement dans les établissements agricoles appartenant à l'Œuvre et se traduit par d'alléchantes annonces à la couverture du *Bulletin des Salésiens* : Vin blanc supérieur, à tant la pièce; vin rouge vieux, dans d'aussi bonnes conditions. La liqueur « salésienne » (*sic*), l'*Angelus* est recommandée à tous ceux qui veulent sauver leur estomac en même temps que leur âme. Comme toutes les bonnes maisons de commerce qui se respectent, l'Œuvre a des représentants spéciaux en France et à l'étranger qui se chargent d'écouler ses produits.

Enfin, facilitant notre tâche, le *Comité p. . la Participation des Œuvres catholiques de France à l'Exposition de* 1900 nous permet, à l'aide d'un tableau concret, d'embrasser d'un seul coup d'œil la puissante organisation cléricale qui fonctionne actuellement dans toute la France, fruit d'un demi-siècle d'efforts répétés. Son enquête a révélé l'existence de 36,842 œuvres de moralisation de la jeunesse en dehors de l'école, englobant une population de près de 4,000,000 d'individus. D'autre part, l'Œuvre des Cercles catholiques d'ouvriers exerce une action directe sur 655 groupes comprenant 144,000 adhérents; elle a, en outre, suscité la formation de 2,000 groupes d'hommes (Cercles d'ouvriers, groupes d'usines, Cercles d'études) et de 5,000 groupes de femmes. De plus, fonctionnent 230 refuges pour les jeunes filles préservées ou repenties, 2,000 orphelinats et ouvroirs, 30,000 bibliothèques populaires fixes ou circulantes, 160 œuvres de mariages d'indigents, réalisant ou réhabilitant en moyenne 10,053 unions par an et faisant légitimer plus de 3,000 enfants...

Cette propagande effrénée des gens d'église auprès des jeunes adultes ne pouvait manquer de susciter une véritable émulation chez tous ceux qui se sont fait un devoir de faire prédominer dans notre pays l'esprit laïque, qui devrait se trouver à la base de toutes les républiques.

Bien avant 1860, époque à laquelle on chercha, sans grand succès, à instituer l'enseignement post-scolaire, des tentatives hardies avaient été faites. Ce furent d'abord les élèves de Polytechnique, parmi lesquels Auguste Comte, Perronet, etc. Descendus dans la rue en 1830, avec les ouvriers, ils voulurent se faire ensuite leurs éducateurs pour les mieux préparer à la pratique de la liberté. Le 14 janvier 1831, l'*Association polytechnique*, fondée par eux, ouvrait ses premiers cours gratuits. Leur œuvre, instituée sur des bases solides, s'est perpétuée jusqu'à nos jours, et les services rendus par elle sont incalculables. Des cours toujours plus nombreux, toujours plus variés, y sont professés chaque soir par des hommes d'élite, dévoués et désintéressés, sans autre rétribution que la satisfaction d'avoir accompli un véritable devoir social. Tous ceux qui, comme nous, ont contracté envers l'Association une indéniable dette de reconnaissance, applaudiront chaleureusement à la haute récompense que lui a décernée le jury de l'Exposition de 1900. Nous sommes convaincu que la légitimité n'en sera contestée par personne.

Vers 1848, plusieurs professeurs de cette Association, estimant que l'instruction donnée par elle était trop scientifique et ne répondait pas assez exactement aux besoins immédiats de sa clientèle, se séparèrent de leurs collègues et créèrent l'*Association philotechnique*, qui joignit, à l'instruction générale, l'enseignement professionnel. Le succès couronna également cette entreprise et le jury l'a sanctionné en lui accordant la même récompense que celle donnée à l'Association polytechnique. Ces deux Associations n'ont cessé, du reste, de marcher la main dans la main vers le but commun indiqué par le titre même de la classe 108 : le *développement intellectuel et moral des ouvriers*.

Ce serait une véritable injustice de ne pas citer, parmi les plus fermes propagateurs de l'enseignement supérieur pour les prolétaires, le nom d'Auguste Comte, le fondateur du positivisme. Outre sa participation capitale à la fondation des cours de l'Association polytechnique, dès 1848, et jusqu'en 1856, il n'a cessé de professer lui-même, pour les travailleurs manuels, des cours d'astronomie populaire, de mécanique, d'histoire générale de l'humanité. Auguste Comte et ses disciples positivistes, il faut le dire, ont toujours considéré comme la base de toute rénovation sociale, la nécessité de mettre l'enseignement supérieur à la portée du prolétariat des deux sexes.

A la suite de son Congres de 1892, la *Ligue de l'Enseignement* se mit à créer des Sociétés amicales d'anciens élèves, des patronages laïques, des bibliothèques, etc., et donna une vive impulsion à l'enseignement populaire. Ses efforts furent merveilleusement complétés par ceux de la *Société nationale des Conférences populaires*, qui opérait à côté d'elle. Ces deux Sociétés exposent à l'Economie sociale.

La statistique de toutes ces tentatives se trouve condensée dans un intéressant rapport que M. E. Petit, inspecteur général de l'instruction publique, adressait dernièrement au ministre pour lui communiquer les résultats de son enquête relative aux cours d'adolescents et d'adultes, aux conférences populaires et aux œuvres complémentaires de l'école.

Des chiffres fournis, il résulte que la campagne post-scolaire 1899-1900 a été des plus satisfaisantes. On compte 38,291 cours d'adolescents ou d'adultes, contre 2,000 environ en 1890 (dont 11,610 cours de jeunes filles) professés dans les écoles publiques, et environ 5,000 cours professés dans les Sociétés d'instruction populaire, Chambres syndicales, etc.

Alors que le nombre des conférences atteignait à peine le chiffre de 100 en 1890, il accuse, pour 1899-1900, le respectable total de 123,911.

1,497 Sociétés de mutualité scolaire fonctionnent avec 450,000 enfants: 200 autres sont actuellement en formation.

4,784 Associations d'anciennes et anciens élèves sont constituées: 300 sont en formation. 1,005 patronages sont ouverts. Il y a donc près de 5,800 groupements de jeunes gens autour des écoles publiques, sans compter environ 2,000 réunions de jeunes filles.

50,520 instituteurs et institutrices ont tenu des cours d'adultes, sans compter 6,000 lecteurs, conférenciers, directeurs de mutualités, administrateurs d'Associations de patronages, etc.

2,250,000 francs environ ont été dépensés pour l'éducation populaire par l'initiative privée (dons, quêtes, cotisations, etc.).

Les Municipalités et les Conseils généraux unis ont versé environ 1,700,000 francs.

L'Etat a fourni la maigre subvention de 200,000 francs!...

Comme on peut s'en rendre compte par ces chiffres, le mouvement a pris une très grande importance. Les Universités populaires (de création trop récente, elles n'ont pas exposé) vont encore ajouter à cette force toujours grandissante et lui imprimer un nouvel essor.

Parmi les exposants, signalons tout d'abord l'*Association des Instituteurs pour l'éducation et le patronage de la jeunesse*, fondée à Paris en 1880, et qui possède des sections dans chacun des arrondissements. Elle place sous les yeux du public de nombreux documents, tels que: maquettes d'engins, photographies et vues d'ensemble, travaux d'élèves, comptes rendus de promenades-conférences, rapports sur l'Association, etc. Elle a organisé un service de placement qui, jusqu'à ce jour, s'est traduit par les chiffres suivants : offres d'emplois, 1,021; demandes, 912: placements effectués, 766.

Viennent ensuite les *filiales* de l'Association polytechnique et de l'Association philotechnique : Suresnes, Vierzon, Perpignan, etc.; la *Jeunesse vosgienne*, d'Epinal; la *Société républicaine d'instruction*, de Boulogne-sur-Mer; les *Sociétés d'instruction populaire*, de l'Yonne, de Gray, de Saint-Nazaire, etc.; enfin, la *Société populaire des beaux-arts*.

Les Bibliothèques populaires

Indispensable complément des associations d'enseignement populaire, les Bibliothèques populaires ont pris, en France, un développement considérable durant ces dernières années. Il est peu de villes, de chefs-lieux de cantons qui n'en possèdent au moins une aujourd'hui. De 1890 à 1898 seulement plus de 4,000 ont été créées ou agrandies. En mettant gratuitement des livres à la disposition de ceux que leur modeste budget tient à l'écart des librairies, les Bibliothèques populaires répondent incontestablement à une véritable nécessité sociale. La constatation de leurs prodigieux succès est encore, pour elles, la meilleure des appréciations.

Ce fut un ouvrier, J.-B. Girard, qui eut le premier l'idée de créer des Bibliothèques populaires pour les travailleurs. Talonné par le désir d'apprendre, il répondit immédiatement à l'appel qu'à ses débuts lança l'Association philotechnique, dont il suivit les cours pour apprendre à lire, à dix-neuf ans, en 1848. Tour à tour homme de peine, cocher de fiacre et lithographe, il fut condamné, en 1850, à vingt-deux mois de prison pour avoir fait partie d'une réunion de délégués ouvriers. C'est durant sa captivité qu'il conçut son projet d'instituer des Bibliothèques pour l'usage des ouvriers, et, le 1er octobre 1861, il installait à la mairie du IIIe la première des Bibliothèques populaires.

Le premier nom gravé en tête de l'histoire de ce puissant moyen d'instruction et de relèvement moral qu'est la Bibliothèque populaire, est donc celui de J.-B. Girard, et c'est avec une satisfaction bien légitime que nous constatons que celui qui le porta si dignement fut un des nôtres : un ouvrier.

L'essor de ces utiles et indispensables institutions fut de suite puissamment aidé par la *Société Franklin*, fondée également par Girard en 1862, qui offre un précieux concours à tous ceux qui veulent installer des Bibliothèques populaires. Elle distribue des instructions et des catalogues et se charge d'exécuter les commandes des Bibliothèques, sans frais ni commission, avec d'importantes réductions de prix. Bien plus, elle fait de nombreux dons de livres, et publie un *Bulletin*, journal des Bibliothèques populaires, qui les rapproche et constitue comme un lien pour toutes ces institutions. Jusqu'à ce jour, 826,000 volumes ont été fournis par elle aux Bibliothèques, représentant une valeur de 1,870,000 francs. Sur ce total, 138,000 volumes ont été distribués à titre de dons gratuits.

A l'Economie sociale, prennent place, aux côtés de la Société Franklin : la *Ville de Paris* (78 Bibliothèques municipales) avec des graphiques, statistiques et photographies concernant leur fonctionnement, et des documents sur la Bibliothèque Forney ; le Syndicat des *Bibliothèques populaires libres de Paris et du département de la Seine :* graphiques, mouvement des prêts des livres, achats de volumes, etc. ; la *Biblothèque populaire des Amis de l'instruction du XIIIe ;* les *Bibliothèques des IIe et XXe arrondissements* de Paris ; la *Bibliothèque populaire d'Auteuil-Point-du-Jour ;* celles de *Versailles*, d'*Arras*, etc.

Les Sociétés de tempérance

S'il est une question qui, entre toutes, mérite d'attirer l'attention des travailleurs, c'est, sans contredit, celle qui vise aux moyens de combattre cette horrible plaie que l'on a baptisée du nom d'*alcoolisme*. Nous sommes intimement persuadé que sa solution est étroitement liée non seulement à l'émancipation totale, mais même à l'émancipation graduelle des prolétaires. Alors qu'à l'étranger la lutte entreprise contre l'alcool a amené un brusque arrêt, voire un recul dans la consommation, en France le mal continue à s'étendre dans des proportions effrayantes, multipliant ses ravages et choisissant ses plus nombreuses victimes dans les rangs du prolétariat Malgré le cri d'alarme poussé par les savants, malgré les incessantes objurgations des médecins, l'alcool, véritable élément de désagrégation sociale, continue sa sombre besogne, trainant derrère lui la misère et la servitude. C'est le premier ennemi auquel, avec acharnement, nous devrions nous attaquer, puisque infailliblement il détraque les organismes, abêtit les cerveaux, fait sombrer les volontés les mieux trempées, alors que plus que jamais, dans le grand mouvement d'idées qui caractérise la fin de ce siècle, les ouvriers ont besoin d'avoir la pleine conscience d'eux-mêmes et du rôle prépondérant qu'ils sont appelés à jouer dans la société de demain.

Il serait aisé, sur ce chapitre, d'allonger les phrases, de multiplier les pages. D'autres plus autorisés l'ont fait avant nous et ont montré clairement, au nom de la science, appuyée par l'expérience, tous les méfaits imputables à cette funeste passion. Quelques chiffres, empruntés à la vigoureuse brochure du docteur Verhaeghe (1), suffiront à indiquer toute l'étendue du mal et ce que sa marche ascendante a de menaçant. C'est ainsi qu'en France, de 1830 à 1898, la consommation moyenne de l'alcool par habitant (alcool à 100°) a plus que quadruplé en suivant la progression suivante :

	LITRES
1830	1 10
1850	1 46
1860	2 27
1870	2 32
1880	3 64
1890	4 35
1898	4 51

Comme on le voit, pas une faiblesse : la progression fatale se continue sans aucune interruption ! La production totale de l'alcool a naturellement suivi la même courbe.

En voici les chiffres en hectolitres à 100° :

	HECTOLITRES
1855	702.000
1880	1.581.068
1897	2.208.000

Passons, maintenant, à la statistique des cabarets et à la répartition

(1) *De l'Alcoolisation : effets, causes, remèdes ; étude de pathologie sociale.*

de la population française proportionnellement au nombre de ces établissements :

	NOMBRE DE CABARETS	NOMBRE D'HABITANTS POUR UN CABARET
1855	291.244	124
1880	356 863	103
1897	500.000	83

Durant la même période, le prix moyen de l'hectolitre d'alcool est passé de 145 francs à 42 francs, mettant ainsi l'abrutissement à la portée de toutes les bourses. Les résultats ont été terrifiants et une autre statistique nous dit que, pour 1898, le nombre des criminels alcooliques représentait en France **50 0/0** de l'ensemble.

Le rapport que M. Guillemet a rédigé, au nom de la Commission chargée d'étudier le projet tendant à établir le monopole de la rectification de l'alcool, constate que la moyenne des intempérants parmi les condamnés pour crimes et délits est de **67 0/0**... Le docteur Legrain a compté 323 alcooliques sur 500 détenus, et d'une enquête faite par M. Marembat, greffier de Sainte-Pélagie, il résulte que, sur 2,950 détenus, la proportion des sujets adonnés à l'intempérance était de **72 0/0**. En Angleterre, en Allemagne, en Suisse, des proportions aussi considérables ont pu être établies.

Le chiffre des suicides causés par l'alcoolisme subissait une augmentation analogue. Le nombre des aliénés a plus que quintuplé de 1835 à 1895. On comptait 11,524 aliénés, ou 1 par 2,924 habitants en 1835-39; le chiffre a été porté à 58,166 en 1891-95, soit 1 par 651 habitants. Sur ce total, 20,000 aliénés sont alcooliques.

Les sections étrangères de l'Economie sociale nous montrent tous les efforts tentés dans ces divers pays pour arriver à déraciner l'alcoolisme, et, nous devons l'avouer, sous ce rapport leur exposition est de beaucoup supérieure à la nôtre. Il est vrai que, si les résultats obtenus étaient dignes d'être exhibés, en France nous n'avons malheureusement rien de comparable à placer sous les yeux des visiteurs.

L'*Union des Femmes françaises pour la Tempérance* nous indique la position respective de chacune des principales puissances en face de l'alcool, en affichant un tableau de la consommation moyenne annuelle par habitant. Nous arrivons gaillardement bons premiers :

	LITRES
France	14
Belgique et Allemagne	13
Angleterre	12
Suisse	11
Italie	10
Hollande	9
Etats-Unis	8
Suède	5 1/3
Norvège	3
Canada	2

La *Ligue nationale contre l'Alcoolisme*, qui expose des tableaux, bulletins, brochures et affiches, a pour but de provoquer, de grouper, de coordonner toutes les initiatives locales et isolées qui se proposent de combattre l'alcoolisme, quels que soient d'ailleurs leur programme et leur mode d'action. Elle se borne à recommander non l'abstinence totale, mais la tempérance. Nous lui empruntons le tableau suivant, qui enregistre la marche parallèle de l'alcool, des suicides, des divorces et de l'aliénation :

	1850	1897
	—	—
Suicides attribuables à l'intempérance... .	1.505	5.299
Divorces — — — (1884)... .	1.477	7.765
Aliénés admis dans les asiles............	8.184	24.491

	1850	1898
	—	—
Quotité moyenne d'alcool pur par tête d'habitant	1 lit. 46	4 lit. 72

Consommation de l'absinthe par tête d'habitant :

	LITRES
	—
1884...............................	0.080
1898.............	0.575

Notons encore comme exposants : l'*Ordre indépendant des Bons Templiers*, organisation de stricte tempérance, qui s'est assigné comme but de délivrer le monde du fléau de l'alcoolisme; l'*Association de la jeunesse française tempérante*, et l'*Union française antialcoolique* qui présente l'exposition collective de 700 Sociétés locales de tempérance, fédérées entre elles et représentant un total de 40,000 membres. Elle a à sa tête le dévoué docteur Legrain, l'inlassable adversaire de l'alcool, dont l'éloge n'est plus à faire.

Souhaitons, pour terminer, que, malgré leur nombre relativement restreint, ces groupements sauront prendre dans notre pays une influence salutaire et réussiront à enrayer le mal qui le ronge et menace de l'attaquer dans ce qu'il a de plus précieux : sa mentalité.

Œuvres et Sociétés diverses

En dehors des catégories que nous venons d'examiner, « le développement intellectuel et moral des citoyens » abrite encore sous sa bannière une foule d'œuvres et de Sociétés des plus disparates : les orphéons y coudoient les Sociétés de gymnastique, la Société le *Fusil de chasse* voisine avec la Société littéraire les *Cornéliens*, et les Sociétés d'instruction militaire ne font point trop mauvais ménage avec les harmonies et fanfares (l'harmonie de l'imprimerie Paul Dupont est au nombre des Sociétés exposantes); les Sociétés de tir et les Associations de sports athlétiques y ont aussi trouvé place, non loin de la *Société de propagande coloniale*. Deux Sociétés philanthropiques semblent s'y être égarées.

Nous avons été heureux de rencontrer, dans ce méli-mélo, la contre-partie laïque de l'Œuvre catholique des mariages d'indigents, signalée plus haut.

Alarmés de la propagande acharnée faite par des associations religieuses telles que les Sociétés de Saint-François-Régis, de Saint-Vincent de Paul et des Rédemptoristes, dans le XIe arrondissement (plus de 300 mariages en une seule année), quelques républicains, M. Denis Poulot en tête, fondèrent, en 1881, la *Société du Mariage civil*. Comme les Sociétés cléricales ne faisaient obtenir gratuitement à leurs protégés les pièces indispensables à leur mariage qu'à la condition qu'il soit agrémenté d'une cérémonie religieuse, la Société du Mariage civil s'assigna comme but de fournir gratuitement aux personnes indigentes, ou qui sont imposées de moins de 10 francs, les pièces généralement nécessaires à leur mariage civil, à la légitimation de leurs enfants et au retrait de ceux de ces derniers qui sont déposés dans les hospices, sans imposer à qui que ce soit le mariage religieux, que, d'ailleurs, la loi elle-même ignore. Elle est donc amenée à poursuivre la solution de toutes les difficultés légales qui peuvent se présenter en vue d'un mariage.

Les services rendus par cette Société sont de plus en plus nombreux et une réorganisation de son fonctionnemment, en 1891, lui a permis de tripler ses résultats. Les voici tels qu'elle les présente au Palais des Congrès :

	MARIAGES	LÉGITIMATIONS
1881	196	49
1882	535	380
1883	469	380
1884	537	420
1885	537	390
1886	456	198
1887	550	205
1888	580	180
1889	560	200
1890	580	230
1891	741	251
1892	1283	406
1893	1487	588
1894	1305	541
1895	1487	603
1896	1473	558
1897	1378	575
1898	1618	674
1899	1663	629

Grâce aux sympathies effectives qui se sont manifestées depuis sa fondation, la Société du Mariage civil a pu élargir son champ d'action et c'est sur tous les arrondissements de la capitale qu'elle rayonne aujourd'hui.

INITIATIVE PUBLIQUE OU PRIVÉE

EN VUE DU BIEN-ÊTRE DES CITOYENS

Nous terminerons cette revue de la section française de l'Économie sociale par l'examen de la classe 110, qui, sous le titre énoncé ci-dessus, reçoit dans son sein toutes les institutions n'ayant pu trouver place dans les autres classes. Aussi sa variété ne le cède en rien à celle de sa voisine, la classe 108; mais elle a au moins pour elle l'excuse, formant comme une sorte d'arrière-garde, de se trouver dans l'obligation de ramasser tous les traînards, tous les irréguliers à qui l'ordre parfait des premiers bataillons ne saurait convenir. C'est ainsi que l' « Initiative publique ou privée en vue du bien-être des citoyens » a pu rallier dans son giron une *Notice explicative d'un répertoire alphabétique et statistique de l'Etat civil*, de M. Boursier, avec un tableau graphique du mouvement de la clientèle de la maison d'abonnements *G. Dufayel* (anciennement Crespin aîné, de Vidouville, Manche); la *Société française de Meunerie et de Panification* et la *Société des Amis des Monuments parisiens*, avec des documents sur les *Attentats à l'honneur* et la *Propriété consolidée*, de M. Worms...

Bien des choses y sont cependant intéressantes et l'exposition seule de l'*Office du Travail*, complétée par l'*Inventaire social du siècle*, suffirait à en faire une des classes les mieux documentées, les plus instructives du Palais des Congrès.

En nommant les *Bureaux de placements*, les *Associations pour la paix* et les *Sociétés féministes*, nous aurons, croyons-nous, désigné tout ce qui est susceptible d'être groupé. Le reste peut se ranger au petit bonheur sous le titre si largement hospitalier d'*Institutions diverses*. Nous allons les examiner à tour de rôle.

L'Office du Travail

L'Office du Travail, créé par la loi du 20 juillet 1891, a pour mission de rassembler, de vulgariser tous les documents et informations utiles relatifs au travail et à ses rapports avec le capital, aux heures de travail, aux salaires des travailleurs : hommes, femmes et enfants; il recueille, en outre, tous les renseignements touchant les Sociétés coopératives et les Conseils de prud'hommes. Il établit une statistique des causes et de la durée du chômage, des conflits entre patrons et ouvriers et de leurs résultats. Les décrets de février 1892 et de juin 1897 ont encore étendu sa compétence en y joignant le bureau des Syndicats professionnels et celui de la Statistique générale. Enfin, le décret du 1er août 1899 l'a fait partie intégrante de la Direction du Travail, créée au Ministère du commerce, laquelle comprend actuellement les services administratifs et techniques qui y fonctionnaient auparavant : les premiers (Législation, Économie sociale, Syndicats) chargés soit de l'enregistrement et du contrôle d'institutions existantes en vertu de la législation du travail, soit des travaux préparatoires de la plus grande partie de cette législation; les seconds (Office du Travail, Statistique générale) constituant une sorte d'observatoire des phénomènes sociaux. Le Conseil supérieur du Travail et le Conseil supérieur de Statistique relèvent également de la Direction du Travail. C'est du Ministère du commerce, et plus particulièrement de la Direction du Travail, que dépend l'Inspection du travail.

Les travaux de l'Office du Travail font la matière de plusieurs publications, telles que le *Bulletin de l'Office du Travail*, dont le service est fait gratuitement à tous les syndicats ouvriers, et qui paraît tous les mois; l'*Annuaire des Syndicats*, l'*Annuaire statistique*, la *Statistique des Grèves*, etc. L'Office du Travail fut aussi chargé, en 1896, de mener à bien le recensement professionnel de notre pays (1).

Cette institution a exposé dans plusieurs classes de l'Economie sociale. Elle fait passer sous nos yeux un grand nombre de tableaux, cartes, graphiques, diagrammes, etc., d'un très réel intérêt. Ce travail, instructif à plus d'un point de vue, fait honneur aussi bien à ceux qui l'ont conçu qu'à ceux qui l'ont exécuté : il suffirait amplement à justifier l'utilité de ce rouage relativement récent de notre administration.

Il faudrait un volume pour analyser sérieusement la masse des documents exposés. Le défaut de place et de temps nous oblige à les résumer aussi brièvement que possible.

C'est, d'abord, une série de cartes relatives aux conditions sociales des travailleurs dans les chefs-lieux de départements :

Salaire d'un ouvrier de métier courant (enquête 1894-1896);
Salaire d'un manœuvre (1894-1896):
Dépenses pour le logement et un genre déterminé de nourriture (1896);
Prix de pension pour un ouvrier célibataire (1896):
Durée du travail; — Institutions patronales (1891-1893).

Puis un tableau sur les *Variations des salaires depuis soixante-quinze ans*, de l'époque 1824-1833 à l'époque 1891-1893. Nous y puisons les chiffres suivants (tous les salaires y sont ramenés à 100) :

	LE SALAIRE EST PASSÉ DE
Pour l'ensemble des ouvriers	53 à 100
Pour l'ensemble des ouvrières (1840)	47 à 100
Maçons de province (1824)	45 à 100
Charpentiers de province (1824)	45 à 100
Peintres de province (1840)	47 à 100
Terrassiers de province (1853)	49 à 100
Ouvriers des mines de houille (1844)	51 à 100
Ouvriers du bâtiment de Paris (1842)	46 à 100

(1) C'est également l'Office du Travail qui a été chargé de diriger les opérations du recensement de 1901.

Les chiffres ci-dessous, extraits d'une enquête de l'Office du Travail, suffiront pour indiquer le chemin parcouru dans le taux des salaires :

	1840-45	1853-57	1865-65	1874	1891-93
	—	—	—	—	—
Ensemble des ouvriers (départements)	2 07	» »	2 76	» »	3 90
Ensemble des ouvrières (départements)	1 02	» »	1 30	» »	2 15
Personnel ouvrier des mines de combustibles minéraux	2 10	2 35	2 60	3 56	4 20
Ouvrier maçon (départements)	» »	2 25	» »	3 15	4 05
Ouvrier maçon (série de prix à Paris)	4 15	4 25	5 25	5 50	7 50 (série de 1880)

Quand on songe que, pour les typographes parisiens, le premier tarif de main-d'œuvre (1843) portait le prix de l'heure à 0 fr. 50 et le prix du mille à la même somme, on voit combien peu nous avons profité de cette hausse continue des salaires, puisqu'elle ne se traduit, pour nous, que par une élévation de 78 à 100, alors que, pour la totalité des travailleurs, elle est passée de 53 à 100. Nous ne pensons pas que l'examen des salaires de l'ensemble des typographes français, depuis cinquante ans, modifierait sensiblement cette proportion, si toutefois il ne la faisait descendre plus bas. Placées en regard de ce résultat général, nos *prétentions* paraissent donc avoir toujours été des plus modérées.

Vient ensuite toute une série de tableaux sur la Mutualité, le Mouvement de la population, les Établissements hospitaliers, les Bureaux de bienfaisance, les Aliénés, les Monts-de-piété (1), les Conseils de prud'hommes, la Statistique des grèves et leurs résultats, les Syndicats suivant leur ancienneté, etc.

La *Carte des Conseils de Prud'hommes* indique, par un cercle, la ville où siège chacun de ces Conseils. La surface du cercle est proportionnée au nombre des affaires dont le Conseil a été saisi au cours de l'année. Le nombre de ces tribunaux du travail existant actuellement en France est de 152, dont 18 sont de création toute récente ou, quoique anciens, ne fonctionnent plus. Le total des affaires dont les 134 autres Conseils ont été saisis en 1898 atteint le chiffre de 50,823; 36,556 d'entre elles furent conciliées.

Pour les *Syndicats ouvriers par groupes d'industrie ou de profession*, voici quelques chiffres puisés au Palais des Congrès, la proportion du nombre des Syndiqués étant indiquée par rapport à la population active totale :

Groupes où la proportion est la plus forte :	Pour 100
Industries exercées par l'État ou les communes	25 50
Transports	22 50
Livre	15 75
Taillage et polissage des pierres	14 20

---

(1) Les tableaux sur la Mutualité, les Établissements hospitaliers, les Bureaux de bienfaisance, les Aliénés et les Monts-de-Piété sont présentés par le Ministère de l'Intérieur.

Groupes où la proportion est la moins élevée :	Pour 100
Culture, élevage	0 10
Travailleurs des étoffes et vêtements	0 75
Papier, carton, caoutchouc	1 10
Alimentation	1 35

Dans ce tableau, le Livre ne vient qu'en troisième place, quand il semble tout indiqué pour en occuper le sommet. Il appartient à tous nos camarades, par une active propagande — personnelle ou collective — de nous faire gravir les deux derniers échelons.

C'est ensuite l'*Evaluation des chômeurs*, par groupe d'industrie, le 29 mars 1896. Le nombre des groupes est de 18 et les chiffres ci-dessous que nous avons relevés, donnent, pour plusieurs, la proportion des chômeurs pour 1,000 personnes comprises dans chaque groupe :

Groupes les plus éprouvés :	HOMMES	FEMMES
Taillage et polissage des pierres	57	6
Terrassements, constructions en pierres	42	6
Métaux fins, bijoux	40	26
Livre	37 1/2	29
Groupe le moins éprouvé :		
Métallurgie	2	7

Comme on peut le constater, l'industrie du livre est une de celles qui souffrent le plus du chômage, puisque, sur 18 groupes, elle arrive en quatrième rang. Notre service de chômage va donc répondre à une véritable nécessité.

Enfin, la *Distribution de la population industrielle*, entre les divers groupes d'industrie, au nombre de 21.

Les chiffres qui suivent indiquent, pour quelques-uns d'entre eux, la proportion de chacun pour 1,000 personnes occupées dans l'ensemble des groupes :

Etoffes et vêtements	203
Bois	108
Fer	97
Terrassements, constructions en pierres	88
Alimentation	71
Transports	67
Cuirs et peaux	53
Manutention	46
Livre	13

Comme nous le faisions remarquer en rendant compte de l'exposition des syndicats ouvriers, c'est l'Office du Travail qui s'est chargé de placer, sous les yeux des visiteurs, la statistique des conflits survenus [entre employeurs et employés. Dans la période décennale qui vient de s'écouler de 1890 à 1899 inclus) elle se traduit par les chiffres suivants : 4,210 grèves comprenant 924,486 grévistes, et occasionnant un chômage de 15,021,841 journées : soit une moyenne annuelle de 421 grèves avec 92,448 grévistes et

1,502,184 jours chômés. Pour 16 de ces grèves, les résultats n'ont pu être connus. Voici ceux obtenus pour les 4,194 autres, ainsi que leur proportion par rapport au nombre total :

	GRÈVES		GRÉVISTES	
	Nombre	Pour 100	Nombre	Pour 100
Réussites	1.021	24 10	166.374	18 04
Transactions	1.312	31 29	399.499	43 33
Echecs	1.871	44 61	356.207	38 63
	4.194	100 »	922.080	100 »

2,125 de ces grèves ont été motivées par des demandes d'augmentation de salaire, 544 pour s'opposer à des réductions de salaires, 766 pour des questions de personnel (renvois d'ouvriers ou de contremaîtres, réintégrations d'ouvriers) et 472 pour obtenir une diminution de la durée de la journée de travail.

Sont aussi indiquées la répartition des grèves par rapport à leur durée et leurs résultats, ainsi que leur distribution par départements et par groupes d'industrie.

L'année 1899 est celle de la dernière décade qui accuse le plus fort mouvement gréviste; seule, l'année 1893, qui a fourni des chiffres sensiblement égaux, peut lui être comparée :

ANNÉES	GRÈVES	GRÉVISTES	ÉTABLISSEMENTS ATTEINTS	JOURS CHÔMÉS
1899	739	176.826	4.290	3.550.734 (1)
1893	634	170.123	4.286	3.174.000

Donnons, maintenant, le nombre de grèves et de grévistes pour chacune des dix dernières années :

ANNÉES	GRÈVES	GRÉVISTES
1890	313	118.941
1891	267	108.944
1892	261	48.538
1893	634	170.123
1894	391	54.576
1895	405	45.801
1896	476	49.851
1897	356	68.875
1898	368	82.065
1899	739	176.772

Sur 740 grèves (2) déclarées en 1899, dans 441 les ouvriers étaient, en tout ou en partie, syndiqués; mais dans 44 grèves seulement, les syndicats

(1) Dans ce chiffre sont compris 1,038,340 jours chômés par 35,576 ouvriers non grévistes, mais imputables aux grèves.

(2) La lettre-préface du dernier volume publié par l'Office du Travail sur la *Statistique des grèves* fixe le nombre de ces dernières à 740 pour 1899, avec 176,826 grévistes, alors que le tableau décennal porte les chiffres que nous donnons plus haut.

ouvriers ont versé régulièrement des indemnités aux grévistes (dans ce chiffre, la Fédération du Livre entre pour 8 grèves).

Dans la même année, 180 grèves avec 21,131 grévistes ont été suivies de réussite ; 282 grèves avec 124,767 grévistes ont abouti à une transaction et 278 grèves avec 30,928 grévistes ont échoué. Ces résultats donnent les pourcentages suivants que nous mettons en regard de ceux de 1898 :

	GRÈVES		GRÉVISTES	
	En 1899	En 1898	En 1899	En 1898
	0/0	0/0	0/0	0/0
Réussites	24 36	20 38	11 95	12 91
Transactions	38 16	33 42	70 58	39 66
Echecs	37 48	46 20	17 47	47 43

Malgré leur nombre beaucoup plus considérable (le double) le résultat des grèves pour l'année 1899 a été sensiblement plus favorable aux ouvriers que celui de l'année 1898.

Pour l'année 1899 il y a eu 197 demandes de conciliation et d'arbitrage, conformément à la loi du 27 décembre 1892, et cela pour 190 différends, quelques grèves ayant donné lieu à plusieurs recours. L'initiative de l'application de la loi a été prise 112 fois par les ouvriers, 1 fois par les patrons et 4 fois par les ouvriers et les patrons réunis. Les juges de paix sont intervenus d'office 80 fois.

Dans 9 grèves, avec 12 recours distincts, le travail a été repris avant qu'il ait été donné suite à la demande de conciliation. Pour les 185 autres les propositions de conciliation ont été repoussées 79 fois : 65 fois par les patrons, 1 fois par les ouvriers et 13 fois par les patrons et les ouvriers.

4 différends ont pris fin à la suite du refus des patrons de se prêter à la conciliation. Dans 2 de ces cas, les grévistes ont abandonné leurs revendications; dans les 2 autres, ils ont obtenu des satisfactions partielles.

Les 75 autres cas ne concernent que 72 différends dans lesquels la grève a été déclarée ou continuée: ils se sont terminés par 8 réussites, 36 transactions et 28 échecs.

Il restait donc 105 différends pour lesquels 106 comités de conciliation ont été formés. 35 ont été terminés par eux, dont 1 sans interruption de travail. Après l'échec de la conciliation, des propositions d'arbitrage ont été faites dans 40 comités : 13 fois par les patrons, 1 fois par les ouvriers, 20 fois par les deux parties. Le recours à l'arbitrage a été accepté 6 fois.

41 grèves ont donc été réglées par la conciliation et l'arbitrage.

Inventaire social du siècle

Sous le titre général de : *Inventaire social du siècle*, l'Office du Travail nous donne encore, en collaboration avec le Ministère de l'intérieur, toute une série de cartes, tableaux, graphiques, statistiques, etc., qui forment comme la synthèse des efforts collectifs des cent dernières années. C'est le bilan de l'Association sous toutes ses formes; c'est l'affirmation de la solidarité sociale, remplaçant la charité et la traduction en chifffres des résultats déjà obtenus, nous montrant ainsi, par les quelques réalisations du passé, que nous sommes en droit de bien augurer des promesses de l'avenir.

C'est d'abord le relevé des *Associations privées*, autorisées ou reconnues, hormis les Associations politiques et religieuses. Pour la France entière, leur nombre s'élève à 45.200, se décomposant ainsi :

Intérêts généraux professionnels	7.246
Etudes et actions sociales	2.203
Sociétés musicales	6.453
Sociétés amicales	3.575
Sociétés de secours mutuels	10.897
Autres Sociétés d'aide mutuelle et de prévoyance	2.505
Assistance	990
Exercices physiques	5.721
Jeux	5.436
Buts inconnus	174

Les départements qui comptent le moins d'Associations sont :

Corse, 30; Lozère, 51; Cantal, 53; Lot, 87; Corrèze, 97; Creuse, 95.

Les départements qui en comptent le plus :

Seine, 5,575; Nord, 3,519; Gironde, 1,615; Rhône, 1,434; Bouches-du-Rhône, 1,346; Seine-et-Oise, 1,162; Maine-et-Loire, 1,120; Pas-de-Calais, 1,056.

A côté de cette carte, l'Office du Travail en expose plusieurs autres dans lesquelles nous puisons les renseignements suivants :

Syndicats ouvriers :

Au 31 décembre 1898, on comptait 2,361 Syndicats ouvriers, groupant 419,761 membres. En 1899, leur nombre s'élève à 2,685, avec un total de 429,647 membres.

Les départements où il n'y a pas, ou peu de syndiqués, sont : les Landes, la Lozère, le Cantal, l'Ariège, les Basses-Alpes, les Côtes-du-Nord, la Mayenne.

Les départements qui en comptent le plus, sont : la Seine, 182,777 ; le Pas-de-Calais, 32,984 ; le Rhône, 16,933 ; les Bouches-du-Rhône, 13,181 ; la Gironde, 11,575.

Proportion des syndiqués par 1,000 habitants :

De 0 à 5 : Corse, Landes, Gers, Cantal, Lozère, Ardèche, Basses-Alpes, Morbihan.

De 61 à 99 : Seine-Inférieure, Nord, Haute-Garonne.

De 113 à 233 : Gironde, Rhône, Seine.

A la fin de l'année dernière, il existait 73 Fédérations ou Unions de syndicats ouvriers, groupant 1,199 Syndicats avec 432,950 adhérents.

A signaler aussi une belle carte de France, marquant l'emplacement des différentes *Bourses du Travail :*

On comptait 65 Bourses du Travail en activité au 31 décembre 1899. Elles comprenaient 1,350 Syndicats adhérents, groupant 239,449 syndiqués. Jusqu'à ce jour, les municipalités ont dépensé pour leur établissement la somme de 3,100,226 francs et leur accordent des subventions annuelles dont le total s'élève à 445,980 francs; il convient d'ajouter à ce dernier chiffre celui de 23.250 francs, voté au même titre par divers conseils généraux.

Syndicats mixtes :

En 1899 :	Nombre de Syndicats..................	170
—	Nombre de membres.....	28.519

A la même date, l'Office du Travail signalait l'existence de 11 Unions, comprenant 49 syndicats mixtes avec 3,331 adhérents.

Syndicats patronaux :

En 1899 :	Nombre de Syndicats..................	2.157
—	Nombre de membres..................	158.300

Au 31 décembre 1899 fonctionnaient 54 Fédérations ou Unions groupant 927 syndicats patronaux avec 105,557 membres.

Syndicats agricoles :

En 1899 :	Nombre de Syndicats..................	2.069
—	Nombre de membres..................	512.794

Également à la même époque, 35 Unions groupaient 1,326 syndicats agricoles avec 487,145 membres.

Sur ce nombre, pour les syndiqués agriculteurs, 466.529 étaient, par leurs Syndicats, adhérents à l'Union des Syndicats agricoles, au 31 décembre 1898.

Une autre carte indique les *Variations actuelles des salaires* suivant les régions :

Les départements où les salaires atteignent les chiffres les plus élevés sont : la Seine, la Seine-et-Oise, la Gironde, le Gard, les Bouches-du-Rhône, le Rhône, la Côte-d'Or, la Marne, la Seine-et-Marne, l'Indre-et-Loire, la Loire-Inférieure, le Calvados.

Les départements où les salaires descendent le plus bas sont : le Finistère, les Côtes-du-Nord, le Morbihan, la Vendée, la Mayenne, les Landes, le Gers, les Hautes-Pyrénées, les Basses-Pyrénées, la Creuse, la Corrèze, la Dordogne, le Lot, le Cantal.

Sociétés coopératives de consommation :

Une carte indique, par différentes couleurs, les départements où le nombre des coopérateurs est plus ou moins grand.

Paris, seul, abrite 68 Sociétés coopératives, et la banlieue 49.

La France entière compte 1,452 Sociétés groupant 468,915 adhérents. Il faut y ajouter 178 Sociétés qui n'ont pas fait connaître le nombre de leurs membres, ce qui donne un total de 1,630 coopératives.

Départements où il y a le moins de sociétés coopératives : les Côtes-du-Nord, le Finistère, l'Ille-et-Vilaine, la Mayenne, l'Orne, le Calvados, le Loiret, l'Indre, la Savoie, le Cantal, la Lozère, le Lot et, en général, tout le Sud-Ouest de la France.

Départements qui en possèdent le plus : la Charente-Inférieure, la Haute-Vienne, les Deux-Sèvres, la Loire, le Rhône et la Seine.

Sociétés de Secours mutuels :

Le Ministère de l'intérieur expose un tableau de la fortune des Sociétés de secours mutuels, approuvées et libres, de 1852 à 1898, ainsi que la progression du nombre des Sociétés et de leurs membres.

Mouvement des Sociétés :

APPROUVÉES	NOMBRE DE SOCIÉTÉS	NOMBRE DE MEMBRES
1853	»	82.000
1898	8.500	1.500.000
LIBRES		
1852	2.500	260.000
1898	3.100	372.000

Le nombre total des Sociétés, en 1898, était donc de 11,600, comprenant 1,872,000 membres.

Le Ministère de l'intérieur joint à cette statistique, une autre concernant le nombre des Sociétés, la proportion des mutualistes et la fortune totale des Sociétés par département.

Faisant suite à ces différents tableaux :

Un diagramme de la *Caisse nationale des retraites pour la vieillesse;*

Les *Progrès de l'Assurance sur la Vie, en France;*

La *Situation de l'Epargne en France*, au 31 décembre 1899 (nombre de livrets pour 1,000 habitants et montant du solde dû par habitant :

Les *Principales Opérations de la Caisse nationale d'Epargne*, de 1882 à 1898;

Les *Principales Opérations des Caisses d'Epargne ordinaires*, de 1835 à 1898;

Un *Etat des Patronages* existant en 1896, classés d'après la date de leur fondation, dont nous parlons d'autre part;

Une carte relatant la *Concentration de l'industrie* (personnel des établissements de plus de cent ouvriers rapporté à la population industrielle totale).

Nous donnons ci-dessous, quelques chiffres extraits de différents tableaux exposés. Comme ils se suffisent à eux-mêmes, nous nous dispenserons de les commenter.

Le *Mouvement de l'Epargne française*, de 1882 à 1899 :

ANNÉES	NOMBRE DE LIVRETS AU 31 DÉCEMBRE	SOLDE DU AUX DÉPOSANTS AU 31 DÉCEMBRE
—	—	—
1882	4.645.893	1.802.497.809
1883	4.938.290	1.893.882.867
1884	5.293.053	2.137.310.238
1885	5.630.188	2.365.505.941
1886	5.941.769	2.504.606.412
1887	6.186.951	2.587.973.760
1888	6.491.892	2.762.156.395
1889	6.840.381	3.015 669 716
1890	7.266.096	3.325.161.407
1891	7.672.105	3.559 140.155
1892	8.084.435	3.843.801.108
1893	8.251.431	3.751.055.787
1894	8.609.008	3.977.366.388
1895	8.984.891	4 148.918.713
1896	9.314.879	4 167.305.740
1897	9.662.452	4.271.304.588
1898	9.964.662	4.275.231.452
1899	10.316.674	4.336.765.008

Les *Recensements professionnels* de 1866 et 1896 :

	1866	1896
	—	—
Population totale	38.066.000	38.517.000
Agriculture	7.500 000	8.421.000
Industrie	4.716.000	6.374 000
Commerce	573.000	917.000
Transports, banques, divers.	489.000	971.000
Professions libérales, services publics	914.000	1.381.000
Domestiques (hors l'agriculture)	901.000	906.000 Attachés aux personnes.

Progrès de l'instruction primaire :

1829	1.300.000 élèves
1897	5 440 000 —

Proportion des conscrits sachant lire :

1827	42 0/0
1897	95 0/0

Proportion des conjoints ayant signé leur acte de mariage :

	HOMMES	FEMMES
	—	—
1852	69 0/0	53 0/0
1897	95 0/0	91 0/0

Coût de la vie au cours du siècle :

Le coût d'un genre de vie invariable pour une famille ouvrière à Paris logement, nourriture, chauffage, éclairage) est passé de 73 à 100, de l'année 1804 à l'année 1893: il était à 78 pour la période 1844-1853, et à 106, point culminant, pour la période 1874-1883.

Les frais de logement et de nourriture pour un ouvrier vivant seul sont montés de 30 à 100, de l'année 1800 à l'année 1900: ils étaient à 60, en 1857.

Nous terminerons par le mouvement des salaires au cours du siècle qui vient de s'écouler. D'après le graphique de l'*Inventaire social du siècle*, ils auraient suivi la progression suivante :

1806	45	1860-65	70
1824-33	49	1873	75
1840-1845	53	1880	98
1853	56	1892	100
1856	52	1900	104

Tels sont, résumés aussi fidèlement que possible, l'*Inventaire social du siècle* et l'exposition de l'Office du Travail.

Nous ne saurions mieux terminer ce chapitre qu'en exprimant le vœu de voir la Direction de cette institution réunir en un album toutes les cartes, tous les tableaux, graphiques, etc., qu'elle a mis sous les yeux du public. Placé dans les bibliothèques syndicales, cet ouvrage permettrait à ceux — trop nombreux — qui n'ont pu visiter l'Exposition d'examiner à loisir cet intéressant travail et d'en tirer profit.

Les Bureaux de placement

Déjà nous avons eu l'occasion, au cours de ce rapport, de formuler notre opinion relativement aux bureaux de placement, qui prélèvent sur les travailleurs sans emploi une dîme inique, parfois de connivence et en partageant les profits avec les patrons embaucheurs. Nous n'y reviendrons pas. Mais nous profitons de l'occasion pour applaudir à tous les efforts faits par les Syndicats (patronaux et ouvriers), les Municipalités, les Bourses du Travail, les Sociétés de secours mutuels, etc., en vue d'organiser le placement gratuit. Il y a là une salutaire besogne à accomplir, et puissions-nous lui devoir un jour la disparition de la dernière de ces inqualifiables agences...

Pour les bureaux de placement, c'est encore à l'Office du Travail que nous aurons recours, afin d'avoir quelques données exactes sur leur importance et leur fonctionnement. Les placements des travailleurs peuvent se diviser en six catégories principales, déterminées chacune par les institutions qui les opèrent, ou, pour mieux dire, le service des placements est généralement assuré par six genres d'institutions, qui sont : les Bureaux autorisés, les Syndicats et Fédérations de métiers, les Bourses du Travail, les Bureaux municipaux, les Sociétés de secours mutuels et les Œuvres de bienfaisance.

Les Bureaux autorisés. — En 1891, sur 1,374 bureaux existants, 994 ont effectué 459,459 placements à demeure et 361,991 placements en extra (dans ces chiffres sont compris les 309 bureaux existants dans le département de la Seine, sur lesquels 216 ont fourni des réponses comportant 263,518 placements à demeure et 302,532 placements en extra).

En 1897-98, les 1,452 bureaux existants ont envoyé le relevé de leurs opérations (année moyenne), soit 600,000 placements à demeure et 335,000 en extra (dans cette statistique sont compris les 292 bureaux fonctionnant dans le département de la Seine, qui ont fait 260,000 placements à demeure et 233,000 placements en extra).

On remarquera que, si pour l'ensemble des bureaux le nombre des placements a progressé, pour le département de la Seine les chiffres sont en décroissance, peu appréciable il est vrai pour les placements à demeure, mais vraiment considérable pour les placements en extra. Ce résultat est incontestablement dû aux efforts des institutions qui ont organisé le placement gratuit. Il y a là pour elles un précieux encouragement.

Les Syndicats ouvriers. — En 1891, 323 syndicats ouvriers ont effectué 86,014 placements à demeure et 8,538 placements en extra (dans ces chiffres sont compris ceux du département de la Seine, soit 98 syndicats avec 34,414 placements à demeure, et 2,814 placements en extra).

De 1893 à 1897 inclusivement, 155 syndicats ouvriers ont fait, en moyenne et par an, 35,655 placements à demeure et 13,887 placements en extra (dans ces chiffres sont compris ceux du département de la Seine, soit 8. syndicats, avec 24,479 placements à demeure, et 8,283 placements en extra).

En 1897, 170 syndicats ouvriers avaient organisé le placement d'une manière permanente, dont 88 pour le département de la Seine. Nous n'avons pu nous procurer les chiffres des placements effectués au cours de cette année.

Les Bourses du Travail. — En 1891, les renseignements fournis par les Bourses du Travail ont été confondus avec ceux des syndicats ouvriers. De 1893 à 1897, 32 Bourses du Travail ont fait, en moyenne et par an, 22,303 placements à demeure et 495 extra. En 1897, l'ensemble des placements pour les syndicats ouvriers et Bourses du Travail s'est élevé à 68,000 à demeure et 37,000 en extra.

Les Bureaux municipaux. — En 1891, 24 Bureaux municipaux de placements gratuits ont fait 10,856 placements (dans ces chiffres sont compris ceux du département de la Seine, soit 11 Bureaux municipaux avec 9,872 placements).

En 1897-98, 60 Bureaux municipaux ont fait, en moyenne et par an,

42.500 placements à demeure et 16,500 en extra (dans ces chiffres sont compris ceux du département de la Seine, soit 18 Bureaux avec 32,000 placements à demeure et 17,000 en extra).

Les Sociétés de Secours mutuels. — En 1891, 58 Sociétés ont fait 17.794 placements et 16,000 en extra (dans ces chiffres sont compris ceux du département de la Seine. soit 20 Sociétés avec 11,816 placements à demeure et 15,000 en extra).

En 1897-98, 149 Sociétés de secours mutuels ont fait, en moyenne et par an, 26,000 placements à demeure et 20,000 placements en extra (dans ces chiffres sont compris ceux du département de la Seine, soit 83 Sociétés avec 22,000 placements à demeure et 19,000 en extra).

Les Œuvres de Bienfaisance. — En 1891, 75 Sociétés de bienfaisance ont opéré 26,227 placements (dont 21,756 pour la Seine avec 32 Sociétés).

De 1893 à 1897, ces chiffres sont passés respectivement à 223 pour le nombre des Sociétés et à 49,000 pour la moyenne des placements annuels. Pour la Seine, 48 Sociétés et 26,000 placements.

A la classe 110, la *Ville de Paris* nous donne un état de placements effectués par ses Bureaux municipaux depuis leur fondation (le plus ancien, celui du XVIIIe arrondissement, n'a que douze années d'existence) jusqu'au 31 décembre 1899 (1). Nous relevons. sur le tableau exposé, les totaux des placements opérés :

Hommes........................	85.879
Femmes	203.664
Ensemble.......	289.543

Moyenne des placements annuels :

Hommes........................	11.475
Femmes	29.185
Ensemble.......	40.660

Après avoir nommé la *Société protestante du Travail*, qui organise aussi le placement gratuit, nous en aurons fini avec cette catégorie d'exposants. Il est vrai que, si l'organisation du placement n'est que très médiocrement représentée à la classe 110, cela tient un peu à ce que les Syndicats et les Sociétés de secours mutuels n'ont pas cru devoir scinder leur exposition. Pour avoir des renseignements sur cette partie de leurs opérations, il faut se rendre aux classes 103 et 109. Quelques-uns même, comme la Bourse du Travail de Marseille, ont égaré leur tableau au Groupe VI, à l'Enseignement professionnel !...

(1) Une Commission des Bureaux municipaux de Placements gratuits fonctionne à Paris à la Mairie du IXe arrondissement.

Les Sociétés féministes

Le mouvement féministe, qui a pris une ampleur si considérable au cours de ces dernières années, ne pouvait manquer de se manifester sous les formes les plus variées à l'Exposition universelle de 1900. Il y occupe une place très honorable, notamment à la section française de l'Economie sociale.

Ce n'est pas en vain, d'ailleurs, que les femmes se sont vaillamment attachées à l'amélioration de leurs conditions sociales et à réclamer un peu plus de justice, un peu plus d'équité dans la répartition des droits et des devoirs de chacun. Depuis le Congrès international de 1896 elles ont, en effet, obtenu :

L'admission comme témoins dans les actes d'états civils et instrumentaires (27 décembre 1897);

L'électorat aux tribunaux de commerce (23 janvier 1898);

L'admission dans les Conseils de l'Assistance publique;

L'admission à l'École des Beaux-Arts (1900);

L'électorat et l'éligibilité au Conseil supérieur du Travail (1900);

L'électorat et l'éligibilité aux Conseils du Travail (1900);

Le droit de plaider comme avocat (1900);

La loi dite des « sièges », obligeant les patrons à mettre des sièges à la disposition des femmes qu'ils emploient, a été votée par la Chambre; elle est maintenant devant le Sénat (1).

Enfin, dans sa dernière session, le Conseil supérieur du Travail s'est prononcé pour l'électorat et l'éligibilité des femmes aux Conseils de prud'hommes (2).

Deux grands Congrès féministes se sont tenus à Paris à l'occasion de l'Exposition.

Le premier, le *Congrès des Œuvres et Institutions féministes*, — quand vint la discussion sur le travail de la femme — émit le vœu qu'à travail égal la femme reçût le même salaire que l'homme et que fussent abrogées toutes les lois qui, sous prétexte de protection, entravent et paralysent sa faculté de travailler. Contre cette dernière proposition, une ouvrière, la jeune et aimable présidente du syndicat des fleuristes, est venue protester avec énergie et réclamer des lois limitant le travail de la femme « afin de la protéger contre son propre courage ».

---

(1) Cette loi a été votée définitivement par le Sénat au mois de décembre 1900.

(2) De son côté, la Chambre des députés a dernièrement sanctionné le vœu du Conseil supérieur du Travail relativement à l'électorat et à l'éligibilité des femmes aux Conseils de prud'hommes : il n'y manque plus que l'approbation sénatoriale pour qu'il soit transformé en disposition légale.

Le Congrès s'est également élevé contre les œuvres de charité religieuses, orphelinats et couvents, qui ont désorganisé le travail féminin et avili la main-d'œuvre en ne donnant pas aux jeunes filles une éducation professionnelle suffisante et, surtout, en produisant des objets manufacturés à un prix de revient dérisoire. Il a aussi fait entendre sa protestation relativement au travail exécuté par les prisonnières et réclamé pour elles une rétribution qui ne portât pas préjudice aux ouvrières de l'industrie privée.

C'est le journal *la Fronde* qui a organisé, au mois de septembre, le *Congrès international de la Condition et des Droits des Femmes*, auquel plusieurs gouvernements étrangers et le gouvernement français s'étaient fait représenter officiellement. Comme le précédent, il s'est déclaré franchement partisan de la théorie du « salaire égal à travail égal » et du retrait de toutes les lois d'exception qui régissent le travail des femmes, mais en réclamant leur remplacement par une législation protectrice s'appliquant, sans distinction de sexe, à toute la population ouvrière. De plus, il a voté un vœu en faveur de la journée de huit heures, sans diminution de salaire, et un autre tendant à ce que les inspectrices du travail fussent élues par les syndicats féminins.

Enfin, au *Congrès international du commerce et de l'industrie*, Mme Daniel Lesueur — qui, avec son talent habituel, rapportait à la IIIe section consacrée à l'enseignement professionnel et commercial — faisait aussi adopter un vœu en faveur de l'égalité des salaires suivant la formule : « à travail égal salaire égal », c'est-à-dire que « la rémunération soit *partout*, quel que soit le sexe, proportionnelle au rendement ». Ce résultat a été obtenu, dans un tel milieu, malgré l'opposition d'un congressiste qui soutenait la thèse que : l'important n'est pas que les salaires des femmes soient égaux à ceux des hommes, mais bien qu'ils ne leur soient pas sensiblement inférieurs...

Dans ces différents Congrès, le féminisme a montré qu'il avait su se débarrasser de toute la phraséologie creuse qui l'encombrait à ses débuts, qu'aujourd'hui son but est nettement déterminé et que c'est vigoureusement qu'il compte poursuivre la campagne qu'il a universellement entreprise pour obtenir, en faveur des femmes, de nouvelles et plus justes conditions sociales. Le Congrès de la *Fronde*, surtout, a été un véritable modèle de méthode dans l'organisation et d'ordre dans la discussion.

Le féminisme catholique, car il en est un, est représenté à la classe 108 — non 110 — par le *Cercle Amicitia*, inauguré en 1898 dans l'ancien hôtel de Gabrielle d'Estrées, 12, rue du Parc-Royal. Il est dû à l'initiative de généreuses donatrices, dont la principale fut Mme Amicitia Lebaudy, qui lui consacra 600,000 francs. Le Cercle comprend un restaurant, des chambres entre 20 et 30 francs par mois, une salle de conférence une bibliothèque, etc.

Nous avons déjà emprunté, à l'exposition de la *Ligue française pour le Droit des Femmes*, un tableau relatif aux salaires que nous avons reproduit au chapitre traitant de la *Rémunération du travail*. Nous donnons ici, pour lui faire pendant et le compléter, un tableau comparatif, par département, du nombre d'hommes et de femmes employés en France dans l'industrie, le commerce et la domesticité :

DÉPARTEMENTS	PERSONNEL OCCUPÉ	
	Hommes	Femmes
Ain	17.099	14.471
Aisne	54.728	32.309
Allier	36.955	28.902
Alpes (Basses-)	3.374	2.494
Alpes (Hautes-)	2.445	1.978
Alpes-Maritimes	32.260	27.809
Ardèche	14.714	15.123
Ardennes	42.716	18.176
Ariège	6.769	4.380
Aube	23.121	16.437
Aude	14.926	9.153
Aveyron	18.695	10.964
Bouch,-d-Rhône	92.112	61.513
Calvados	30.312	27.458
Cantal	7.103	6.386
Charente	20.813	14.450
Charente-Inférre	22 555	18.497
Cher	23.537	14.155
Corrèze	14.816	11.499
Corse	6.683	7.251
Côte-d'Or	22.236	13.669
Côtes-du-Nord	25.618	36.217
Creuse	9.506	8.574
Dordogne	23.979	24.497
Doubs	27.912	19.264
Drôme	15.934	15.180
Eure	32.411	26.025
Eure-et-Loir	19.013	12.541
Finistère	39.110	33.830
Gard	35 382	22.291
Garonne (Haute-)	34.569	35.338
Gers	7.713	7.708
Gironde	73.941	48.167
Hérault	29.847	22.776
Ille-et-Vilaine	28.017	29.765
Indre	14.418	14.573
Indre-et-Loire	22.812	20.441
Isère	42.963	40.835
Jura	13.830	10.573
Landes	44.200	39.214
Loir-et-Cher	14.146	10.762
Loire	97.638	58.730
Loire (Haute-)	14.514	16.380
Loire-Inférieure	45.627	39.513
Loiret	23.259	18.081
Lot	9.876	9.370
Lot-et-Garonne	14.569	11.995
Lozère	4.088	3.095
Maine-et-Loire	44.797	33.408
Manche	25.749	23.011
Marne	44.797	33.408
Marne (Haute-)	19.497	8.208
Mayenne	22.832	19.291
Meurthe-et-Mos.	50.478	27.513
Meuse	21.030	12.?20
Morbihan	24.113	26.514
Nièvre	20.383	11.005
Nord	294.430	139.645
Oise	45.081	30.064
Orne	25.540	24.843
Pas-de Calais	104.137	46.667
Puy-de-Dôme	24.710	20.960
Pyrénées (Basses-)	28.422	31.323
Pyrénées (Hautes-)	9.907	8.120
Pyrénées-Orient.	7.726	5.183
Territ. de Belfort	8.601	5.551
Rhône	120.979	91.874
Saône (Haute-)	14.866	9.501
Saône-et-Loire	45.500	23.328
Sarthe	25.412	17.693
Savoie	8.231	6.881
Savoie (Haute-)	11.489	8.534
Seine	658.227	546.752
Seine-Inférieure	113.170	100.527
Seine-et-Marne	27.947	17.772
Seine-et-Oise	61.657	48.791
Deux-Sèvres	15.106	11.534
Somme	60.189	37.477
Tarn	20.663	15.414
Tarn-et-Garonne	7.739	7.425
Var	16.228	11.244
Vaucluse	14.393	13.809
Vendée	20.961	16.322
Vienne	18.454	12.197
Vienne (Haute-)	27.431	25.753
Vosges	36.733	34.474
Yonne	13.908	8.285

La répartition des hommes et des femmes employés dans l'industrie, le commerce et la domesticité donne les totaux suivants :

Hommes	3.428.908
Femmes	2.566.625

Dans l'industrie seulement, les deux sexes se répartissent de la façon ci-dessous :

Hommes......................	2.146.156
Femmes......................	1.173.061

Là encore n'est pas indiquée la source où ont été puisés les chiffres ayant servi à l'établissement de ce tableau.

La Ligue française pour le Droit des Femmes, qui a pour but, comme son titre l'indique, la revendication des droits de la femme et la défense de ses intérêts, formule son programme de la façon suivante :

A travail égal, salaire égal pour les deux sexes;
Réforme des lois du mariage;
Indépendance économique de la femme mariée;
Droits de la mère égaux à ceux du père;
Réforme de la loi du divorce;
Eligibilité des commerçantes aux tribunaux de commerce;
Electorat et éligibilité des ouvrières aux Conseils des prud'hommes;
Education intégrale pour tous; coéducation;
Admission des femmes dans le Conseil supérieur et à tous les emplois de l'Assistance publique, où elles doivent apporter aux hommes le concours de leur intelligence et de leur bonne volonté;
Addition au Code civil d'un nouvel article : *Tous les Français sans distinction de sexe sont égaux devant la loi.*

En dehors des deux tableaux que nous avons reproduits, la Ligue expose encore différentes brochures. A côté d'elle viennent se ranger :

Le *Groupe féministe d'Etudes « l'Egalité »*, avec une très riche collection de documents concernant le féminisme dans le monde entier : articles de journaux, brochures et livres, — environ 600,000 documents classés;

La *Société pour l'Amélioration du Sort de la Femme et la Revendication de ses Droits*, qui expose le Bulletin de la Société et des portraits, ainsi que quelques ouvrages et documents;

Enfin, la *Solidarité des femmes*, qui place sous nos yeux des portraits et des brochures.

Le Musée social

Fondé en 1894, par le comte de Chambrun, le Musée social a pour but de mettre gratuitement à la disposition du public tous les renseignements et documents concernant les institutions et les organisations sociales qui tendent à l'amélioration du sort des travailleurs.

Bien que possédant déjà une riche bibliothèque (plus de 40,000 volumes), il fait encore procéder à des enquêtes sociales par des missions qui vont à l'étranger recueillir tous les renseignements nécessaires à leur élaboration ; c'est d'elles que sont issus les très intéressants et très documentés volumes sur le *Trade-unionisme en Angleterre*, de M. P. de Rousiers ; la *Prévoyance sociale en Italie*, de MM. Mabilleau, Rayneri et de Rocquigny ; les *Industries monopolisées aux États-Unis*, de M. P. de Rousiers;

la *Concentration des forces ouvrières en Amérique*, de M. Vigouroux; les *Congrès ouvriers*, de M. de Seilhac; l'enquête de M. Festy, sur les *Dockers de Londres*, etc. De plus, le Musée social publie un *Bulletin* mensuel et met au concours des sujets de législation industrielle qui comportent des prix s'élevant jusqu'à 25,000 francs. Depuis 1897 fonctionne une section agricole qui intéressera certainement toutes les associations touchant de près ou de loin à l'agriculture.

Le Musée social, dont les libéralités du comte de Chambrun ont assuré l'existence, a son siège à Paris, 5, rue Las-Cases.

La Société de Statistique de Paris

Aux Habitations ouvrières, nous avons déjà fait un emprunt à l'exposition de cette Société. Nous reproduisons ici, à titre documentaire, deux de ces tableaux, pensant qu'à différents points de vue ils pourront intéresser nos camarades et s'ajouter à l'*Inventaire social du siècle*, dressé par l'Office du Travail.

Le premier, sur le *Coût de la vie à Paris* durant les cent années qui viennent de s'écouler, est dû à M. G. Bienaymé. Le prix moyen de chaque catégorie, calculé d'après les quantités consommées, y est représenté par le nombre 100 en l'an 1803; les autres nombres représentent l'accroissement ou la diminution sur 100 de 5 ans en 5 ans. La *première catégorie* comprend la nourriture (viande, beurre, œufs, pain et vin depuis 1803 et légumes depuis 1830); la *deuxième catégorie :* chauffage et combustible divers, le bois seul jusqu'en 1845; la *troisième catégorie :* éclairage, huiles et chandelles seules jusqu'en 1830, et bougies stéariques jusqu'en 1845, huiles et essences minérales depuis 1870; enfin, la *quatrième catégorie* est formée par l'ensemble des trois premières :

ANNÉES	1re CATÉGORIE	2e CATÉGORIE	3e CATÉGORIE	4e CATÉGORIE
1803	100	100	100	100
1805	98	102	90	98
1810	102	103	92	101
1815	103	102	97	101
1820	108	99	95	102
1825	106	100	90	102
1830	107	103	95	103
1835	100	100	98	98
1840	104	100	94	101
1845	102	98	93	100
1850	98	96	93	98
1855	120	98	94	109
1860	112	98	98	105
1865	108	98	97	103
1870	112	98	93	105
1875	113	98	89	105
1880	122	101	88	111
1885	113	97	85	105
1890	113	97	82	105
1895	108	95	81	102
1897	107	96	81	102

Le deuxième tableau, sur l'*Accroissement des Dettes publiques européennes de* 1800 *à* 1900 a été dressé par M. A. Neymarck. Le voici, dans son éloquente simplicité :

	MILLIARDS
1800	20 à 25
1825	38 à 40
1850	47
1860	56
1866	66
1870	68
1885	108
1900	133

La Société de Statistique ne nous dit pas la part de ces 133 milliards qui a été employée à l'amélioration du sort des travailleurs, eux qui, sous forme d'impôts toujours croissants, paient la presque totalité des arrérages de ces emprunts. Et c'est dommage...

Les Bureaux Internationaux

Avant de passer aux *Institutions diverses*, signalons pour mémoire l'exposition des Bureaux internationaux qui comprennent :

Le *Bureau international des poids et mesures*, à Sèvres ;

Le *Bureau international de l'Union postale universelle*, à Berne ;

Les *Bureaux internationaux réunis de l'Union pour la protection de la propriété industrielle et de l'Union pour la protection des œuvres littéraires et artistiques*, à Berne ;

Le *Bureau international des tarifs douaniers*, à Bruxelles ;

Le *Bureau international des administrations télégraphiques*, à Berne ;

Le *Bureau international de la répression de la traite*, à Bruxelles ;

Et l'*Office central des transports internationaux par chemins de fer*, à Berne.

Tous ces Bureaux exposent de nombreux documents : volumes, cartes, statistiques, photographies, dessins, etc.

Institutions diverses

Sous cette rubrique, nous citerons, un peu au hasard, quelques-unes des Sociétés exposantes de la classe 110 :

La *Maison du soldat*. — Fondée en 1895 par Mlle d'Erlincourt, elle a pour but, en temps de paix, de fournir aide, protection et travail au soldat pauvre nouvellement libéré, *envers lequel la patrie fait son devoir comme il a fait le sien*. En temps de guerre, elle procure des secours aux sexagénaires et aux veuves chargées de famille ayant leurs fils sous les drapeaux. En moins de cinq années d'exercice, 9,135 sous-officiers, soldats et marins ont été pourvus par elle de situations dans l'industrie, les administrations de l'État, les Compagnies, l'agriculture et les colonies; 4,000 d'entre eux ont reçu, en plus d'un emploi, des vêtements neufs ou des secours d'argent pour subsistance et logement. Si, comme le dit le tableau exposé, la patrie fait tout son devoir envers le soldat pauvre renvoyé dans ses foyers comme lui-même a fait le sien vis-à-vis d'elle en lui sacrifiant trois des plus belles années de son existence, on ne voit pas trop pourquoi la Maison du soldat (œuvre essentiellement privée) vient substituer son action à celle de l'État. Serait-ce par délégation qu'elle opère, ou ce dernier ne ferait-il qu'incomplètement la besogne qui lui incombe ?...

L'Office du Travail d'Indre-et-Loire est une fédération de syndicats, composée de quatre syndicats patronaux, trois syndicats mixtes et cinq syndicats ouvriers, avec un total de 2,134 membres, dont 1,775 pour le syndicat patronal des agriculteurs d'Indre-et-Loire. Cet Office, qui a organisé le placement gratuit, possède aussi un secrétariat du peuple et un groupe d'études sociales. Sa composition laisse deviner ses tendances.

C'est une nouvelle forme d'organisation préconisée par les cléricaux dans le but de battre en brèche l'influence dont jouissent actuellement les Bourses du travail. Un des défenseurs de ces institutions — les Offices du Travail — nous déclare qu'il est temps de « réagir contre l'esprit révolutionnaire des Bourses » et de « défendre l'ouvrier contre les entrainements socialistes ». Pour obtenir ces résultats, il est urgent d'unir entre eux les Syndicats catholiques d'une même ville. Les statuts-type qui leur sont offerts à cet effet nous disent bien que cette institution restera complètement étrangère aux questions politiques et religieuses; mais un renvoi commentant cette disposition fait rapidement tomber nos illusions en nous prévenant que « cette clause, qui est de style obligé dans les actes publics, n'empêchera pas les syndicats de se recruter parmi les ouvriers chrétiens ». Inutile d'insister.

Le *Comité départemental du Cher* expose une notice sur la Bourse du Travail de Bourges due à M. Fauconneau, ancien président du tribunal de commerce et membre du Comité départemental. Les appréciations qu'elle contient dénotent une grande largeur de vue de la part de son auteur. De nombreux documents y sont joints concernant le fonctionnement de la Bourse, tels que journaux, bons de logement et de nourriture pour les passagers, etc. — Nous signalerons encore, dans l'exposition du Comité départemental du Cher, une autre notice sur les *Ateliers de vannerie de Touchay*, organisés par le maire de cette commune pour venir en aide aux ouvriers agricoles en chômage.

Viennent ensuite la *Bourse du Commerce de Paris*, avec des tableaux graphiques; le *Collège libre des sciences sociales;* la *Société nationale d'Encouragement au Bien;* le *Bureau parlementaire;* la *Ligue populaire pour le Repos du Dimanche;* le *Conseil départemental d'Hygiène publique de l'Aisne;* la *Société des Écoles du Dimanche* (œuvre protestante); les *Œuvres parisienne et bordelaise des bains-douches à bon marché*, etc., etc.

Les Associations internationales pour la paix

Des fenêtres du Palais des Congrès on aperçoit, de l'autre côté de la Seine — véritable antithèse — le Palais des Armées de terre et de mer. Sa masse, imposante comme une forteresse, semble vouloir écraser tout ce qui l'environne et fait paraître encore plus petite la ruche du pont de l'Alma où de laborieuses abeilles viennent étaler leurs efforts inlassables en vue d'obtenir des conditions sociales meilleures, ainsi que leurs tentatives constamment renouvelées et souvent fructueuses pour amener leurs semblables à hausser toujours et encore leur niveau intellectuel et moral...

Là, c'est le temple de la guerre où se prépare une œuvre de destruction générale — œuvre de mort — menace perpétuelle pour tout ce que les hommes ont si péniblement édifié. Ici, c'est le sanctuaire de la paix où s'élaborera un jour — œuvre de vie — une autre organisation sociale qui placera à sa base : la bonté, la justice et la solidarité humaines.

Aussi, les Associations pour la paix avaient-elles leur place bien marquée au milieu de toutes ces institutions, fruits de la paix elle-même et qui ont besoin d'elle pour vivre et progresser.

Pa sa magnifique et suggestive exposition du *Bureau international de la Paix*, c'est la Suisse qui s'est chargée de condenser et de placer sous les yeux des visiteurs, venus de tous les points du globe, les horreurs innombrables qu'engendre l'épouvantable fléau qu'est la guerre. Elle y a réussi et au-delà. A côté du mal, elle a tenu à indiquer le remède : livres, pétitions et documents de toute nature disent les efforts persévérants qui sont tentés dans le monde entier pour faire disparaître à jamais cette calamité et lui substituer la paix universelle. Nous nous réservons, du reste, d'en parler plus longuement et d'y faire de nombreux emprunts, quand nous aurons à examiner la section suisse.

Cependant, deux Associations, ayant la paix pour objectif, se rencontrent à la section française de l'Économie sociale. A ces deux-là nous adressons nos vœux les plus sincères pour que leurs efforts soient couronnés par le succès. Espérons qu'ils ne resteront pas platoniques.

La première, l'*Association internationale économique des Amis de la Paix*, fondée en 1865 par M. Gromier, nous montre ses archives qui forment un véritable musée riche en documents des plus précieux.

La seconde, l'*Alliance universelle des Femmes pour la Paix*, que préside la princesse de Wiszniewska, compte, à l'heure présente, cinq millions d'adhérentes. Elle aussi expose ses archives, se composant d'albums artistiques avec les nombreuses signatures des adhérentes et de la correspondance internationale; les insignes et drapeaux de l'Association y sont joints, ainsi que les tableaux graphiques de l'Alliance dans le monde entier. C'est dans les termes suivants (et nous nous joignons à elle) qu'elle a adressé un chaleureux appel au concours de tous ceux qui répudient les tueries militaires, derniers vestiges des époques barbares :

« ... Tous ceux qui s'intéressent au sort de l'humanité sont instamment priés de travailler avec nous, de joindre fraternellement leurs efforts aux nôtres. Nous nous adressons également aux femmes et aux hommes de bien et de science, aux penseurs, aux sociologues, aux instituteurs et institutrices, en leur demandant leur précieux concours et leurs bons conseils. C'est ainsi que, dans un avenir plus ou moins lointain, nous pourrons mettre un terme aux désastres occasionnés par la haine et par la guerre, et bâtir, sur les décombres du passé sanglant, le nouvel édifice social consacré au Travail, à l'Amour et à la Paix... »

CONCLUSIONS

Avec les Associations pour la Paix se termine la partie de notre rapport consacrée à la section française de l'Economie sociale, partie bien incomplète, nous l'avouon, quoique relativement longue, et cela pour les raisons que nous avons déjà fait valoir au début de cet exposé : insuffisance des moyens d'investigations et manque presque absolu des loisirs nécessaires à l'élaboration d'un travail soigné, étudié et mûrement réfléchi.

Ayant manifesté notre opinion personnelle — en la donnant simplement pour ce qu'elle vaut — au cours des différents chapitres qui composent cette brochure, nous croyons devoir réserver les conclusions générales de cette étude pour la fin de notre rapport et surtout d'essayer de les dégager de la comparaison des sections étrangères avec la section française, si toutefois les obligations journalières nous permettent de mener à bien cette seconde partie de notre tâche.

Nous ne saurions cependant nous dispenser de signaler dès maintenant une des principales caractéristiques de l'Exposition de 1900 pour le sujet qui nous occupe : c'est l'empressement qu'ont mis les Associations de tout genre à venir présenter au public leur histoire, leur mode de fonctionnement, les résultats déjà obtenus et aussi tout ce qu'elles espèrent de l'avenir. Elles ont noyé sous leur multitude les exposants individuels oui triomphaient dans les précédentes Expositions, telles que les institutions patronales, les grandes Compagnies, etc.

Aux efforts personnels faits par quelques hommes pour tâcher d'améliorer les conditions sociales des travailleurs, ces derniers ont opposé, cette fois, leurs propres tentatives collectives pour atteindre le même but. Certains ont déploré ce nouvel état de choses. Quant à nous, il nous comble de joie, car il est un véritable signe des temps. Tous ces essais de rapprochements entre les déshérités de la terre, toutes ces gauches expériences d'association, tous ces timides élans vers la solidarité effective nous apparaissent comme les préludes d'une véritable et profonde transformation sociale : c'est l'aurore d'une humanité nouvelle qui pointe enfin à l'horizon, nous amenant derrière elle une harmonieuse société d'amour et de paix où l'homme, faisant mentir un philosophe, cessera d'être un loup pour son semblable...

Nous devons indiquer également une autre des impressions maitresses qui ressortent inévitablement de quelques visites au Palais des Congrès : c'est l'importance considérable qu'ont prise en notre pays les associations d'ordre confessionnel et les tentatives nombreuses qu'elles font sans cesse sur tous les points du territoire pour attirer et retenir la jeunesse ouvrière. La France est couverte par elles d'un immense réseau dont les mailles vont se resserrant tous les jours. Si des efforts en sens contraire ne sont point vigoureusement tentés, il en résultera, avant peu, les plus graves mécomptes pour la République et un obstacle insurmontable pour les réformes que le prolétariat attend depuis plus de trente années avec une patience digne d'un meilleur sort.

Pour finir, nous nous permettrons d'appeler encore une fois l'attention de nos camarades sur l'alcoolisme, cette plaie épouvantable qui fauche si impitoyablement dans les rangs des travailleurs et annihile en grande partie les efforts de ceux qui visent à une émancipation toujours plus grande, toujours plus complète des ouvriers. Nous n'avons pas d'adversaires aussi terribles, d'ennemis aussi dangereux, et tant que nous n'aurons pas enrayé son cours, tant que nous n'aurons pas réussi à neutraliser ou tout au moins à amoindrir ses effets, tout ce que nous édifierons ne sera bâti que sur le sable. Agent de désagrégation sociale, engendreur de veulerie, l'alcool est un des meilleurs auxiliaires du capital; c'est donc un des premiers contre lesquels il nous faut diriger nos coups.

Rendant compte de l'exposition de l'Economie sociale, il nous plait de clore cette première partie de notre rapport par cet éloquent appel aux exposants que nous empruntons à la Ligue nationale contre l'alcoolisme :

« EXPOSANTS,

« Toutes ces magnifiques institutions qui font tant d'honneur à la France et s'étalent dans les salles du Palais de l'Economie Sociale, ont un ennemi commun : l'Alcool. Il sape en effet leurs fondements et menace à la fois leur vie et leur recrutement, en détournant d'elles leurs ressources financières et l'élan moral qui devraient les alimenter.

» Quelle riche dotation ne leur assurerait-on pas, même avec une portion seulement du milliard que dévore tous les ans l'Alcool !

» Que de miracles ne pourrait-on pas réaliser ainsi !

» Mais ce qui est plus grave encore que le gaspillage, non pas seulement stérile, mais encore funeste et coupable, de tout cet argent, c'est le contre-coup de l'alcoolisme sur la pratique de la prévoyance et de l'épargne. Emporté par sa passion, l'alcoolique ne songe qu'à l'assouvir en sacrifiant tous ses devoirs et en détournant son cœur de toutes ces institutions tutélaires qui auraient atténué pour lui et les siens les crises de la vie.

» Il y a donc un antagonisme profond entre la prévoyance et l'épargne d'une part, et l'alcool de l'autre : c'est une lutte à mort entre ce qui fait le bonheur et la dignité de la vie domestique, la grandeur du pays, et ce qui ferait le malheur de la famille et la décadence nationale.

» Amis de la Mutualité, de la Coopération, de la Solidarité, de l'Association sous toutes ses formes, vous ne pouvez pas hésiter.

» Coalisez vos efforts contre le danger qui menace les institutions dont vous êtes justement fiers, auxquelles vous vous dévouez, et qui, une fois délivrées de cet ennemi mortel, prendront un nouvel essor pour le plus grand profit de chacun de vous et du pays tout entier. »

Novembre 1900. G. GUÉNARD.

TABLE DES MATIÈRES

Paris. — Imprimerie Nouvelle (association ouvrière) 11, rue Cadet. — A. Mangeot, dr — 804-1.
Travail exécuté en commandite par des syndiqués.

www.ingramcontent.com/pod-product-compliance
Ingram Content Group UK Ltd.
Pitfield, Milton Keynes, MK11 3LW, UK
UKHW012226240726
13966UKWH00003B/974